Lieblingsplätze

SAUERLAND

Lieblingsplätze

SAUERLAND

GMEINER

MAIKE FÖRSTER

Autor und Verlag haben alle Informationen geprüft. Gleichwohl wissen wir, dass sich Gegebenheiten im Verlauf der Zeit ändern, daher erfolgen alle Angaben ohne Gewähr. Sollten Sie Feedback haben, bitte schreiben Sie uns! Über Ihre Rückmeldung zum Buch freuen sich Autor und Verlag: lieblingsplaetze@gmeiner-verlag.de

Sofern nicht im Folgenden gelistet, stammen alle Bilder von Maike Förster: Attendorner Tropfsteinhöhle 26; Wildwald Vosswinkel 54; Gerichtsmuseum Bad Fredeburg 68; Thomas Krumm 106/107, 122, 142, 150, 154, 162; Café-Restaurant Vedder 114; Phänomenta Lüdenscheid 128; Cedric-Olivier Nougrigat 130; Sauerland-Tourismus e. V., Fotograf: Märkischer Kreis 132; Deutsches Drahtmuseum Altena 136; Hildegard Goor-Schotten 140; Mendener Karnevals-Gesellschaft Kornblumenblau 146; Stadt Hemer 152; Uta Baumeister 158; Till Haarmann 176; Theodor Fromme 180, 184; Stadt Rüthen 182; Klaus-Dieter Hötte 186; Warsteiner Internationale Montgolfiade GmbH 188

QR-Code einscannen und kostenloses E-Book anfordern.

Besuchen Sie uns im Internet:
www.gmeiner-verlag.de

1., aktualisierte Neuauflage 2021

Im Ehnried 5, 88605 Meßkirch
Telefon 07575/2095-0
info@gmeiner-verlag.de

Lektorat/Redaktion: Anja Kästle
Herstellung: Julia Franze
Umschlaggestaltung/Bildbearbeitung: Susanne Lutz
unter Verwendung der Illustrationen von stock.adobe.com: © SimpLine, © Fiedels, © sdCrea, © Wiktoria Matynia, © vecti, © lapencia, © Sylwia Nowik, © iigraphics; © Pilgrrim – shutterstock.com; © Katrin Lahmer; © Benjamin Arnold
Kartendesign: Mirjam Hecht
Druck: AZ Druck und Datentechnik GmbH, Kempten
Printed in Germany
ISBN 978-3-8392-2627-8

DER MÄRKISCHE KREIS

RUND UM SOEST

EIN HERZ FÜR WASSER, METALL UND ALLERHAND ABSEITIGES

Auftakt

»Sauerland, mein Herz schlägt für das Sauerland, vergrabt mein Herz im Lennesand« – so dichtete die Iserlohner Band Zoff im Jahre 1982 die Hymne, die noch heute von Winterberg bis Lennestadt bei Partys und Festen geschmettert wird – mit Freude und Inbrunst. Und auch wenn hier keine Palmen wachsen und stattdessen – ganz unromantisch – die Misthaufen qualmen: Im Sauerland lässt es sich gut leben. Wir Sauerländer meinen sogar: sehr gut!

Hier bei uns leben Schollenverbundene und Zugereiste – wobei Erstere stolz darauf sind, schon immer hier gewesen zu sein. Mancher rühmt sich einer Ahnenreihe, die sich bis in die Zeiten Annos II., des Erzbischofs von Köln, zurückverfolgen lassen – also bis ins 11. Jahrhundert! Und das äußern sie auch. Die Frage »Was bist du für eine Geborene?« ist die Steigerung von »Sind Sie von hier?«, die sich eher an die Gruppe der Zugereisten und Gäste richtet. Die erste Frage stellt die Balverin oder Hemeranerin, um zu erkennen, ob sie nicht doch eine Dame aus Iserlohn oder dem ach so fernen Menden vor sich hat.

Im Sauerland kann man lernen, was es mit gefühlten Distanzen auf sich hat – und dass man nicht immer viele Worte machen muss, um dem anderen seine Sympathie zu zeigen. »Schweigen ist Gold« – das kann den Sauerländer meinen. Er macht nicht viele Worte. Aber auf sein Wort kann man sich verlassen. Vielredner und Berufslustige wie die Menschen aus Köln sind uns suspekt. Und doch ist auch im Sauerland der Karneval zu Hause – wie sehr, zeigt das Museum des Westfälischen Karnevals in Menden.

Ja, wir mögen es abseitig und bizarr. Das belegen auch unsere Museen, die sich neben Frühgeschichte und dem Bergbau auch gern mit einem ganz anderen Werkstoff, dem Bakelit, mit Grünsandstein, mit Skiern und Rodelschlitten, mit alten Klostergartenpflanzen oder Galgen und Folterwerkzeugen beschäftigen. Einige dieser Orte zum Staunen finden sich in diesem Buch – zugegebenermaßen nur eine Auswahl, aber immerhin.

Und auch sonst lohnt sich ein Besuch bei uns. Ob es nun die Bruchhauser Steine sind, die auf den Höhen im Herzen des Hochsauerlandes majestätisch aufragen, die Golddörfer Assinghausen und Gevelinghausen, die Atta-Höhle in Attendorn, das Hemeraner Felsenmeer, der Jüdische Friedhof in Rüthen oder die »Großstädte« des Sauerlandes, Soest und Arnsberg – zu sehen, zu bestaunen, zu genießen gibt es vieles. Nicht zuletzt unsere Talsperren. Sie prägen das Sauerland wie nichts anderes. Sorpe, Möhne und Bigge sind nur die größten Stauseen. Doch auch ihre kleineren Geschwister haben ihre Reize – und den Vorteil, dass sie bei nur einem Spaziergang umrundet werden können.

Das andere prägende Element unserer Region ist das Metall. Kernig, erdig, handfest – hier wird seit Jahrhunderten mit dem gearbeitet, was später auch das Ruhrgebiet groß machte. Wer auf dem Drahthandelsweg von Lüdenscheid über Altena nach Iserlohn wandert, der unternimmt eine Zeitreise und kann erahnen, wie schwer Leben und Arbeit in früheren Zeiten hier im Sauerland waren. Lebendig werden die alten Handwerke bei einem Besuch des Bremecker Hammers in Lüdenscheid, in der Besteckfirma Hesse in Schmallenberg, der Fabrikanlage Maste-Barendorf in Iserlohn oder dem Handwerkerdorf in Rüthen. Wer dann zum Abschluss noch das Altenaer Drahtmuseum besucht, der ist, buchstäblich, »auf Draht«!

Sie merken: Ein Besuch lohnt sich – oder auch zwei, drei oder vier! Bei einem Ihrer Ausflüge zu meinen Lieblingsplätzen sollten Sie versuchen, mit Einheimischen eine interessante Frage zu klären: Was ist das Sauerland? Wo fängt es an? Wo hört es auf? Sie werden überrascht sein, wie vielfältig die Antworten sind, die Sie erhalten. Viel Spaß also beim Fragen und beim Nachdenken über die Antworten! Und natürlich beim Besuch Olpes, Drolshagens, Attendorns …

Maike Förster

OLPE UND UMGEBUNG

Geschichtsbrunnen vor der St.-Martinus-Kirche in Olpe

FRANZ
HITZE
1851-1921
SOZIALPOLITIKER
LEBEN
INEN
5

1

Gegenüber der Kirche St. Martinus finden Sie den **Geschichtsbrunnen**
Kurkölnerplatz
57462 Olpe
www.olpe.de

Cosmo:Lounge
Am Markt 6
57462 Olpe
02761 8367346
www.cosmo-lounge.de

Stelldichein mit der Hexe

Rund um den Geschichtsbrunnen

Der erste Eindruck ist nicht für jeden einladend. Die Luftangriffe in den letzten Tagen des Zweiten Weltkrieges haben bleibende Spuren hinterlassen. Wie in vielen anderen Städten in Westfalen begann der Wiederaufbau in Olpe mit viel Elan und nicht mit dem Schwerpunkt auf städtebaulicher Ästhetik. Aber wer den Weg zum Kurkölner Platz gefunden hat, der kann ein anderes Olpe entdecken.

Einen Schnellrundgang durch die Geschichte sollte jeder Besucher machen. Und nichts ist einfacher zu bewerkstelligen. Steht doch am Kurkölner Platz im Schatten der Pfarrkirche St. Martinus ein Brunnen, der nicht nur Kunstliebhaber, sondern auch Hobbyhistoriker beglückt. Der Bildhauer Karl-Heinz Klein schuf aus Bronze einen Reigen, der seinen Anfang mit der Verleihung der Stadtrechte im Jahre 1311 nimmt, die Feuersbrunst im April 1795 zeigt und mit einem Bild des heutigen Olpe endet. Vier Wappen und sechs Tafeln mit berühmten Olper Persönlichkeiten komplettieren den Geschichtsbrunnen.

Geschichte atmet auch die Stadtmauer, an der Sie entlangwandern sollten. Erhalten sind leider nur Überreste der Befestigungsanlage – dafür aber der Engels- und der Hexenturm. Letzterer kann für Versammlungen gemietet werden. Ob die Hexe je auftauchte, ist nicht bekannt. Weiter geht es vorbei an der Gedenkstätte für die Kriegsopfer und einem Mahnmal für die Lebenden. Und auch dem Jagdhund zollt Olpe seinen Tribut – 1996 wurde das Brackendenkmal errichtet.

Zum Verweilen laden die Bänke rund um das Wasserrad ein, das im Weierhohl am Fuße der Stadtmauer zu finden ist. Wer weitergeht, kommt auf die Bleichwiese. Im Jahr 2002 setzte die Stadt den Waschfrauen ein Denkmal. Die Finnentroper Künstlerin Anneliese Schmidt-Schöttler schuf vier Frauen, die ihrer Arbeit nachgehen. Das, was früher Schwerstarbeit war, kommt heute in Bronze leicht und fröhlich daher.

Gaumenfreuden und Cocktailspaß bietet die *Cosmo:Lounge* am Markt. Hier treffen sich die Olper und Besucher der Stadt zum Schlemmen und Plauschen.

2

St.-Clemens-Pfarrkirche
Kirchplatz
57489 Drolshagen
02761 71124
www.kirchspiel-
drolshagen.de

Dauerfehde rund ums Gotteshaus

Pfarrkirche St. Clemens

Eine alte Stadtmauer, hübsche Fachwerkhäuser, nostalgische Straßenlaternen, ein Zisterzienserinnenkloster und mittendrin eine romanische Basilika – das ist Drolshagens altes Zentrum. Und tatsächlich kann ich den Charme des mittelalterlichen Stadtkerns noch spüren, wenn ich durch die Gassen rund um die St.-Clemens-Pfarrkirche flaniere.

Beschaulich ist das Wort, das mir als erstes einfällt, wenn ich an Drolshagen denke. Eingebettet in den Naturpark Ebbegebirge wirkt die Stadt mit ihren 57 Ortschaften herrlich unaufgeregt. Das war nicht immer so. Die Stadtchronik erzählt von Dauerfehden zwischen der Stadt und dem von dem Grafenpaar von Sayn gestifteten Zisterzienserinnenkloster, regem Handel in Zeiten der Hanse und einem verheerenden Brand im Mai des Jahres 1838. Er legte die Stadt fast gänzlich in Schutt und Asche. Das Wahrzeichen der Stadt, der große, wuchtige Kirchturm stand und steht noch heute unbeeindruckt von den Zeichen der Zeit da. In früheren, bewegteren Zeiten diente er als Wach- und Wehrturm.

Es heißt, dass Erzbischof Anno von Köln die St.-Clemens-Pfarrkirche im 11. Jahrhundert gründete – urkundlich belegen lässt sich dies jedoch nicht. Der Fund einer alten Silbermünze mit der Umschrift »Otto Imperator Augustus« sorgte bei Restaurierungsarbeiten für Aufruhr. Offenbar bezieht sich die Münze auf Kaiser Otto III. – damit liegt es nahe, die Entstehungszeit des Gotteshauses rund um das Jahr 1000 anzusiedeln.

Kenner wissen eines sicher: Der Betonglockenstuhl, der sich seit 1993 in der Kirche befindet, bietet nach Soest und Minden das musikalisch anspruchsvollste Geläut in ganz Westfalen. Mit 18 Tonnen und der größten Stahlglocke im Erzbistum Paderborn, der Christus-König-Glocke, ist das Geläut mehr als imposant.

Im Gewölbekeller des alten Klostergebäudes finden regelmäßig Kunstausstellungen statt. Das Dachgeschoss des Hauses dient als Musiksaal.

8

Drolshagener Labyrinth
Stupperhof
57489 Drolshagen
02761 9700
www.heimatverein-drolshagen.de

Op'm Stupper
Stupperhof 1
57489 Drolshagen
02763 212480

GEDULDSSPIEL MIT HECKE

Labyrinth

Was haben die Städte Drolshagen, Siena und Chartres gemeinsam? Richtige Antwort: ein Labyrinth! Seit die Mitglieder des Heimatvereins im April 2007 mehr als 2.000 Rotbuchenheckenpflanzen auf einem Hügel im Ortsteil Stupperhof in die Erde gebracht haben, verfügt die Stadt damit über ein Wahrzeichen, das gleichzeitig ein Alleinstellungsmerkmal ist – weitere Heckenlabyrinthe findet man in Nordrhein-Westfalen nämlich nicht.

Während Theseus bei der Suche nach dem Minotauros auf den Ariadne-Faden angewiesen war, kann der Besucher des Drolshagener Labyrinths völlig entspannt sein. Wie bei den großen Vorbildern in den Kathedralen des Mittelalters geht es auch hier um Geduld und Meditation. Und das Konzept der Planer funktioniert.

Ich betrete das Rund der Blutbuchenhecken an einem strahlenden Sommertag und glaube, dem Ziel ganz nah zu sein. Nur gut 14 Meter beträgt der Radius – das habe ich nachgelesen. Doch der Weg ist weiter. Denn kurz vor dem letzten Schritt zum Mittelpunkt hält mich eine Hecke auf. Dann beginnt der Weg, der erst viele Minuten und 390 Meter später ins Zentrum führt. In die Mitte vorstoßen zu wollen und sich von dieser immer weiter zu entfernen – ich spüre die Ungeduld in mir wachwerden. Doch je länger ich gehe, desto ruhiger werde ich. Ich beginne, mich auf die einzelnen Schritte zu konzentrieren. Erst im Herzen des Labyrinths angelangt, nehme ich wieder die Geräusche um mich herum wahr. Lange verweile ich nicht, sondern mache mich auf den zweiten Teil des Weges, der mich in immer größer werdenden Kreisen wieder an den Ausgangspunkt meiner Wanderung führen wird.

Am Ende steht eines fest: Ich werde wiederkommen. Um die Hecken im Farbenspiel der Jahreszeiten und immer höher in den Himmel wachsen zu sehen. Und um wieder einmal Ruhe und Besinnung in der Hektik des Alltags zu finden.

Am Wochenende und an Feiertagen kann man sich nach dem Besuch des Labyrinths in der benachbarten Scheunenwirtschaft *Op'm Stupper* stärken.

4

Schlüsenlehrpfad Junkernhöh
Startpunkt: Am Frohnen
Wenden
57489 Drolshagen
www.drolshagen.de

Drolshagen Marketing e.V.
02761 9427990
www.drolshagen-marketing.de

Sauerlandlinie des Mittelalters

Schlüsenlehrpfad Junkernhöh

Wer mit offenen Augen durch die Wälder im Drolshagener Land streift, findet sie überall – die Hohlwege, die hier mundartlich »Schlüsen« heißen. Aber in Junkernhöh, wo der Schlüsenlehrpfad beginnt, gibt es nicht nur einen einzelnen Hohlweg zu bestaunen, sondern ein »Schlüsenbündel«, einen ganzen Verbund. Warum die so spannend sind und mich in ihren Bann ziehen? Machen wir doch eine kleine Zeitreise ins Mittelalter.

Handel betrieben die Menschen damals schon – auch die Sauerländer. Erz, Kohle und viele andere Waren galt es zu befördern. Aber wie? LKW und die Sauerlandlinie gab es ja noch nicht. Die höre ich zwar, wenn ich die Ohren spitze – aber wenn ich die Augen schließe und mich zurückversetze in vergangene Jahrhunderte, dann sehe ich Pferdekarren und – Hohlwege! Die engen und holprigen Waldwege waren die Hauptverkehrsadern, auf denen Waren transportiert wurden.

Die Tafeln am Rande des Schlüsenlehrpfades erzählen mir, dass die Beförderung nur in zweirädrigen Karren möglich war. Das machte die Wege für die Händler sehr beschwerlich. Mehr als 30 Kilometer pro Tag waren für sie nicht zu schaffen. Wollte ein Drolshagener Waren ins Siegerland bringen, brauchte er zwei Tage für die Hin- und Rückfahrt. Neben den Zweiradkarren waren Lasttiere auf den Schlüsen unterwegs – und Menschen, die Waren für den täglichen Gebrauch mit der Tragestange beförderten. Noch beschwerlicher wurde es, wenn der Regen die Wege aufweichte und sie mit ihren Steigungen in Rutschpisten verwandelte. Groß muss die Freude gewesen sein, als die Preußen die sogenannte Kunststraße brachten, die wir Sauerländer heute als B 54 kennen. Mit ihr wurde der Handel leichter und schneller. Die Schlüsen aber verloren nach und nach ihre Bedeutung.

Der Schlüsenlehrpfad Junkernhöh ist jederzeit zugänglich. Der ein Kilometer lange Weg hat eine sechsprozentige Steigung. Mit Kinderwagen ist der Lehrpfad nicht gut befahrbar.

5

Das Südsauerlandmuseum hat seine Bleibe im historischen Rathaus von Attendorn gefunden

Südsauerlandmuseum Attendorn
Alter Markt 1
57439 Attendorn
02722 3711
www.suedsauerlandmuseum.de

BETTGESCHICHTEN UND BLAUBLÜTER

Südsauerlandmuseum Attendorn

Die Sonne scheint, die Attendorner flanieren durch ihre Altstadt, essen Eis, kaufen ein. Das rege Treiben lädt zum Mitmachen ein – aber ich entscheide mich für einen anderen Zeitvertreib. Ich möchte das Südsauerlandmuseum besuchen, hier war ich schon als Kind und Jugendliche. Und ich weiß, dass ich auch heute wieder faszinierende Dinge entdecken und Neues lernen werde.

Untergebracht ist das Museum für Kunst und Kulturgeschichte des Kreises Olpe im historischen Rathaus Attendorns. Kurz verweile ich vor dem Eingang, um den herrlichen Brunnen von Karl-Josef Hoffmann zu würdigen, der vor dem Gebäude seinen Platz gefunden hat. Das historische Rathaus ist im Grunde auch ein Museumsstück, ist es doch der einzige erhaltene gotische Profanbau in ganz Südwestfalen. In früheren Zeiten soll die Halle im Erdgeschoss ein Umschlagplatz für Tuch- und Stahlprodukte gewesen sein. Heute beherbergt das Gebäude die Exponate des Museums. Und die haben viele Geschichten zu erzählen.

Auf mehreren Stockwerken befinden sich elf Themeninseln mit Namen, die Appetit machen und die Fantasie anregen. »Bettgeschichten«, »Blaublüter«, »Exportschlager«, »Beichtgeheimnis« und »Altlasten« sind nur einige aus der Elferreihe. Was mag sich hinter ihnen verbergen?

Heute will ich das Geheimnis hinter dem »Exportschlager« lüften und lerne, wie Attendorn Mitglied der sagenumwobenen Hanse wurde. Weitere Exportschlager waren berühmte Söhne Attendorns, deren Ruhm sich auch jenseits der Grenzen der Stadt verbreitete. Die Ausstellung widmet sich dem Gelehrten Johannes Rivius, dem Freiherrn von Heuel, dem berühmten Kupferstecher Johann Josef Freidhoff und dem Domkapitular Alexander Schnütgen. Bei meinem nächsten Besuch, das weiß ich heute schon, sind die »Beichtgeheimnisse« dran!

Attendorn hat noch ein besonderes Museum: ein Straßenlaternenmuseum. Überall rund um den Marktplatz sind die Schmuckstücke aus europäischen Haupt- und Hansestädten zu bewundern.

6

Altstadt Attendorn
Startpunkt: Tourist-Information Attendorn
Kölner Straße 9
57439 Attendorn
02722 6574146
www.attendorn.de

FEINES TUCH UND SCHWARZER TOD

Spaziergang durch die Altstadt

Gelassen, klar und hell. Das ist Attendorn für mich. Nach Olpe und Lennestadt ist sie die drittgrößte Stadt des Kreises Olpe und – zumindest für mich – die schönste. Ein wenig mediterran ist die Atmosphäre, wenn man an einem Spätsommertag nachmittags durch die Gassen geht. Nein, man flaniert. Das macht den Unterschied: Hier hat man Zeit, hier setzt man auf Gemütlichkeit und Genuss.

Zwei Faktoren bestimmen das heutige Bild Attendorns: die Blütezeit der Hanse und die unzähligen Brände während des 17. und 18. Jahrhunderts. Anziehend wirkte die Stadt schon in frühgeschichtlicher Zeit. Alles stimmte hier: das Klima, die Beschaffenheit der Böden, die Lage. Erstmals urkundlich erwähnt wurde »Attandarra« im Rahmen der Stiftung des Klosters Grafschaft durch Erzbischof Anno von Köln im Jahre 1072. Die Verleihung der Stadtrechte erfolgte im Jahr 1222 unter Engelbert I. von Berg. Der große Aufschwung der Stadt setzte im 13. und 14. Jahrhundert ein. Dank musste Attendorn den neun Zünften zollen, ganz besonders den Leinen- und Wollwebern. Reichtum und Wohlstand hielten Einzug. Attendorn wurde als Mitglied der Hanse bekannt für sein Tuch – die Handelsbeziehungen waren umfangreich und breit gestreut.

Dann aber suchte der Schwarze Tod die Stadt heim – gleich viermal. Als die letzte Pestwelle abgeebbt war, trat die nächste Geißel auf den Plan. Großbrände schrecklichen Ausmaßes verheerten die Stadt. Acht Feuersbrünste in 170 Jahren setzten Attendorn zu, zerstörten große Teile der Bausubstanz. Dennoch: Sehenswürdigkeiten hält die Stadt für den Besucher immer noch viele bereit. Den Sauerländer Dom, die Pfarrkirche St. Johannes Baptist und die zwei erhaltenen mittelalterlichen Stadttürme: den Bieketurm und den Pulverturm.

In der Attendorner Altstadt gibt es viele Cafés, Bars, Restaurants und Gaststätten, die die Besucher mit lokalen und regionalen Spezialitäten verwöhnen.

7

Atta-Höhle
Finnentroper Straße 39
57439 Attendorn
02722 93750
www.atta-hoehle.de

KÄSE AUS STEIN

Atta-Höhle

Sie haben den Unterschied zwischen Stalagmiten und Stalaktiten nie richtig begriffen? Seien Sie sicher: In der Atta-Höhle lernen Sie es – mehr als 40 Millionen Besucher vor Ihnen haben es auch schon geschafft. Unspektakulär ist an der größten Tropfsteinhöhle Deutschlands nur der Eingang. Wenn Sie aber die große Tür hinter sich geschlossen haben, tauchen Sie ein in eine Welt aus filigranen und majestätischen Naturwundern, die dafür sorgen, dass Sie aus dem Staunen nicht mehr herauskommen. Da tut es der Faszination auch keinen Abbruch, wenn Sie sich klarmachen, dass Sie hier »nur« vor Stein gewordenem Kalkwasser stehen und den Mund nicht mehr zubekommen. Und Sie sollten beim Anblick von steinernen Gardinen, strahlend blauen unterirdischen Seen und der Alhambra-Grotte denen Ihre Dankbarkeit zollen, die das Schmuckstück entdeckt haben.

Wie so oft hatte dabei der Zufall seine Hände im Spiel. Man schrieb den 19. Juli 1907, als Arbeiter der Biggetaler Kalkwerke eine folgenschwere Sprengung vornahmen. Vor ihnen tat sich plötzlich ein Felsspalt auf, in den sie krochen – so ist das Gott sei Dank mit der Neugier des Menschen. Überwältigend muss der Anblick für die Männer gewesen sein, vor allem auch, weil er sie so unvorbereitet traf.

Besser vorbereitet sind Sie, wenn Sie der Höhle, die ihren Namen genau wie die Stadt Attendorn der Fürstin Atta verdankt, heute einen Besuch abstatten. Wichtig: Ziehen Sie sich warm an, denn auch unter der Erde ist das Sauerland nicht für hohe Plusgrade bekannt. Nur neun Grad zeigt das Thermometer – aber das dafür konstant 365 Tage im Jahr. Und Sie sollten sich in jedem Fall auch einen Bissen des Atta-Käses nicht entgehen lassen. Der reift, abgeschieden von Ihnen und den anderen Besuchern der Höhle, rund 90 Tage in absoluter Ruhe.

50 Meter unter der Erde liegt die Gesundheitsgrotte, wo Menschen mit Asthma, Bronchitis oder Neurodermitis Linderung suchen und finden.

8

Attendorner Senfmühle
Ennester Straße 21
57439 Attendorn
02722 9769938
www.sauerlandsenf.de

Sauerländer Senf aus Attendorn

Attendorner Senfmühle

Ein würzig-aromatischer Geruch liegt in der Luft – das Wasser läuft mir beim Anblick des gelb-bräunlichen Muses im Mund zusammen. Senf – eine meiner großen kulinarischen Leidenschaften. Hier gibt es ihn in großen Mengen und allen erdenklichen Geschmacksrichtungen. Ein Eldorado für mich und meine Probierwut. Sylvia Hilsmann, Inhaberin der Attendorner Senfmühle, reicht mir geduldig Probierlöffelchen auf Probierlöffelchen.

Ihr Mann hatte die Idee, Senf herzustellen. Volker Hilsmann, ein begeisterter Hobbykoch, nahm die Nachfragen der Touristen ernst: »Was gibt es denn an typischen Lebensmitteln aus dem Sauerland, die sich auch noch gut verschenken lassen?« »Senf!« Die Antwort stand für Volker Hilsmann sofort fest. Er schaffte eine Senfmühle an, sammelte Rezepte und probierte diese aus. Heute besteht das Senfsortiment aus mehr als zwei Dutzend Sauerland-Senfsorten – angefangen vom Verkaufsschlager, dem Attendorner Mühlensenf, über Bier- und Knoblauchsenf bis hin zu Zubereitungen mit Apfel, Walnüssen, Preiselbeeren und Steinpilzen. Aber damit noch nicht genug. Längst haben Sylvia und Volker Hilsmann ihr Angebot erweitert. Und so stehen selbstgemachtes Pesto, Fruchtaufstriche, Soßen, Essig- und Ölflaschen und die selbstgemachten Liköre im Regal. Die seien etwas ganz Besonderes, fügt Sylvia Hilsmann hinzu. Der Clou: der erhöhte Fruchtanteil. Die eingelegten Früchte landen als Püree wieder im Likör. Daher sind die Inhalte der Flaschen etwas trübe – aber auch umso fruchtiger.

In der Wintersaison kommen die Kunden in Scharen, um etwas vom heißbegehrten Rumtopf abzubekommen. Den stellen die Hilsmanns nur in einer kleinen Auflage her. »Der ist schneller weg, als wir gucken können«, freut sich Sylvia Hilsmann, dass sie und ihr Mann den Geschmack ihrer Kunden offensichtlich getroffen haben.

Wer Volker und Sylvia Hilsmann bei der Senfherstellung über die Schulter schauen möchte, kann das bei einer Führung. Eine Verkostung gehört zum Programm.

9

Personenschifffahrt Biggesee
Am Hafen 1
57462 Olpe
02761 96590
www.biggesee.de

EIN PFENNIG FÜR DEN TALSPERRENBAU

Biggesee

Als Talsperren-Mitbesitzer dürfen sich die Menschen schon fühlen, die rund um den Biggesee leben. Und das, weil der nordrhein-westfälische Landtag 1956, im Jahr des Baubeginns, ein Gesetz verabschiedete, das als Biggetalsperrengesetz bekannt wurde. Erst im Jahr 2009 wurde die Verpflichtung gelöst, nach der die Bürger der umliegenden Region den sogenannten »Biggepfennig« abführen mussten. Bis zu diesem Zeitpunkt hatten die Stadtwerke auf jeden verbrauchten Kubikmeter Wasser eine Abgabe geschlagen – 1956 waren das 1,2 Pfennig pro Einheit, 2009 1,79 Cent.

Doch obwohl die Bürger über Jahrzehnte für die Talsperre in die Tasche greifen mussten, deren Wasser nicht einmal ihnen, sondern den Menschen des Ruhrgebietes zugutekommt, lieben sie »ihre« Bigge doch sehr. Im Herzen des Naturparks Ebbegebirge, zwischen Attendorn und Olpe, erstreckt sich der blaue Wasserspiegel des Biggesees über eine Fläche von fast neun Quadratkilometern. Gestaut sind rund 150 Millionen Kubikmeter Wasser. Viel Raum – der bei Baubeginn erst einmal gewonnen werden musste. Mehr als 2.500 Bürger mussten vom später gefluteten Gebiet umgesiedelt werden. Im Olper Ortsteil Sondern direkt am Biggesee erinnern an diese Umsiedlung noch heute Schautafeln, die zeigen, wie es in der Region vor 1956 aussah.

Heute erfreut sich der Biggesee nicht nur bei den Einheimischen, sondern auch bei den Touristen großer Beliebtheit. Für Freunde des Wassersports ist die Talsperre ein wahres Paradies. Hier tummeln sich Segler, Surfer, Angler und Taucher. Wer nicht selber aktiv werden möchte, kann sich von einem der beiden Ausflugsschiffe, der MS Westfalen und der MS Bigge, über das Wasser schippern lassen und einfach das tun, wozu die Talsperre einlädt: zurücklehnen, schauen und genießen.

Die Talsperre hat mit dem Biggeblick seit Juli 2013 eine neue Attraktion. Die 90 Meter hohe Plattform bietet einen unvergleichlichen Ausblick über den Biggesee.

10

Bergbaumuseum Siciliaschacht
Siciliastraße
57368 Lennestadt-Meggen
02721 81434 oder
02721 2257
www.bergbaumuseum-siciliaschacht.de

SÜDLICH DES ÄQUATORS

Bergbaumuseum Siciliaschacht

Der Mann strahlt, als ich ihn frage, ob er hier gearbeitet hat. »Ich habe mein Leben hier verbracht«, erklärt Wegbert Eberts stolz. »Hier« – das ist der Siciliaschacht in Lennestadt-Meggen, wo 140 Jahre lang alles im Zeichen des Abbaus von Schwefelkies-, Blei-, Zink- und Schwerspat stand. 1992 war Schluss damit. Auch für Wegbert Eberts. Leicht sei ihm das Ende nicht gefallen. Da verwundert es nicht, dass er sofort Ja sagte, als sein ehemaliger Chef ihn bekniete, beim Aufbau eines Museums mitzuhelfen. »Eine Ehrensache«, sagt Eberts und beginnt dann seine Führung durch die Anlage.

In der Schachthalle sind das Fördergerüst und das Gefäß für die Erzförderung zu sehen. »Zehn Meter in der Sekunde ging es in die Tiefe«, erzählt Eberts, »bis runter auf die elfte Sohle.« Die lag 567 Meter unter der Erde. Dort wurden mithilfe von zwei Maschinen täglich 5.000 Tonnen Erz und 1.000 Tonnen totes Gestein gefördert. Leichter wurde die Arbeit, als Anfang der 1970er-Jahre unter Tage Dieselgeräte eingesetzt wurden. Trotzdem: Die Arbeit im Siciliaschacht sei ein Knochenjob gewesen, erklärt der altgediente Bergmann.

Weiter geht es in die ehemalige Markenkontrolle, wo sich heute ein Informationszentrum mit Vitrinen und Schautafeln befindet. Das Thema: Erzbergbau und die Verwendung der geförderten Metalle. Wegbert Eberts muss weit zurückgehen, um zu den Anfängen des Siciliaschachts zu gelangen. Und er tut das mit einem Satz, der die Besucher aufhorchen lässt: »Das Sauerland liegt südlich des Äquators!« Leider nur in der Kambriumzeit vor etwa 500 Millionen Jahren. Spannend ist die Zeitreise, auf die Wegbert Eberts seine Besucher mitnimmt. Auch wegen seiner Begeisterung. Und der seiner Kollegen, die mit ihm »Dienst« im Museum tun. Sie sorgen dafür, dass die Erinnerung an den Bergbau in Meggen nicht verloren geht.

Direkt am Siciliaschacht beginnt ein Wanderweg, der auf 4,3 Kilometern anhand von 17 Schautafeln einen Einblick in die Bergbaugeschichte bietet.

11

Galileo-Park
Sauerland Pyramiden 4–7
57368 Lennestadt-Meggen
02721 6007710
www.galileo-park.de

ABTAUCHEN, MITMACHEN, STAUNEN

Galileo-Park

Nach dem Weg fragen muss wohl keiner, der den Galileo-Park in den Sauerland-Pyramiden sucht. Weithin sichtbar, direkt neben dem Siciliaschacht in Lennestadt-Meggen, erheben sich die weißen Bauwerke auf einer Anhöhe. Giseh im Sauerland? Pharaonen im Kreis Olpe? Nein, so weit trägt der angestrebte Event-Charakter des Galileo-Parks nun doch nicht. Aber: Wissensdurstige können hier in jedem Fall viel lernen und erleben. Ob es die Geheimnisse der Tiefsee sind, in die der Besucher abtaucht, die schier unendlichen Weiten der Galaxien, paranormale Phänomene wie Kornkreise – zu entdecken gibt es vieles in der Zeitmaschine und dem Labyrinth des Unerklärlichen.

Ganz nah am Menschen ist die Science-Pyramide, weil hier das Ausprobieren, Mitdenken und Mitmachen ganz im Vordergrund stehen. Knapp 150 Quadratmeter ist die Pyramide groß, wie eine futuristische Kommandozentrale sieht sie aus und hält in 32 großen Vitrinen interessante Experimente für kleine und große Besucher bereit. Das, was auf den ersten Blick wie eine Fensterfront aussieht, entpuppt sich auf den zweiten Blick als eine Reihe von überdimensionalen Bildschirmen, die Videopräsentationen zu den verschiedensten Fragen und Erkenntnissen der Wissenschaft zeigen. In der Mitte der Pyramide prangt eine Riesenkugel, deren Geheimnis sich buchstäblich durch die Ausstellung erhellt – sie verbirgt große Teile der Haustechnik und einen Beamer in ihrem Inneren, der auf die Wände der Pyramide Bilder projizieren kann.

Für Entenfreunde und all die Menschen, die neben dem Wissenserwerb auch den Spaß nicht vergessen, bietet die Ausstellung *Duckomenta* viele neue Einblicke in die Welt der Wesen mit dem großen Schnabel und den Patschfüßen. Wussten Sie, dass die Mona Lisa eigentlich eine Ente ist? Und der Ötzi auch? Nein? Dann: Ab nach Lennestadt und rein in die Pyramide.

Über wechselnde Vorträge, Thementage und Sonderveranstaltungen zu den verschiedensten Wissensgebieten informiert die gut gepflegte Internetseite des Parks.

12

Rundgang durch Kirchveischede
Ab Zum Kellenberg
57368 Lennestadt-Kirchveischede

Informationen:
Stadt Lennestadt
Thomas-Morus-Platz 1
57368 Lennestadt
02723 6080
www.lennestadt.de

EIN GOLDDORF SETZT AUF TRADITION

Rundgang durch den Ortskern

Auch der Kreis Olpe hat – wie das Hochsauerland – seine ausgezeichneten Dörfer. Kirchveischede, ein Ortsteil Lennestadts mit rund 1.000 Einwohnern, konnte die Ehrung schon oft einheimsen und darf sich »Golddorf« nennen. Dass es diesen großen Namen zu Recht trägt, wird dem Besucher schnell klar. Malerische Fachwerkhäuser mit liebevoll angelegten Blumengärten prägen das Bild des Dorfes im Tal des Flusses Veischede, einem Nebenfluss der Lenne. Hier blühen Heckenrose und Rittersporn, Schwertlilie und Ranunkel, Lavendel und Sonnenblume. Das älteste Haus Kirchveischedes trägt den Namen Ruitz, wurde 1755 gebaut und 1997 restauriert.

Besonders fallen die Scheunentore der Fachwerkhäuser ins Auge, jene hohen Einfahrtstore, die deutlich machen, dass die Häuser ursprünglich nicht nur als Wohnhäuser für die Menschen gedacht waren. Neben ihrer Nutzung als Viehstall dienten die Fachwerkhäuser mit ihren großen, geräumigen Scheunen zur Einlagerung der Ernte – in früheren Zeiten, als die Bevölkerung vor allem in der Landwirtschaft tätig war. Im 17. und 18. Jahrhundert waren die Einwohner Kirchveischedes Pächter und Lehnsträger – die Güter gehörten seit dem Jahr 1445 zumeist den Kölner Kurfürsten und Erzbischöfen. Heute sind die Scheunentore wahre Schmuckstücke. Sie begrüßen den Besucher mit einer reichen Ornamentik und Inschriften, die auch an den Giebelseiten der Häuser zu finden sind.

Ein Rundgang durch die Ortsmitte lohnt sich – hier finden sich elf unter Denkmalschutz gestellte Bauwerke, darunter auch die Pfarrkirche St. Servatius. Erbaut wurde das Gotteshaus im 13. Jahrhundert. Im Jahre 1908 wurde die Kirche um einen Anbau im nördlichen Teil erweitert. Doch sieht der Besucher sofort: Die Grundsubstanz und Anmutung des ursprünglich frühgotischen Bauwerks blieben weitgehend unangetastet.

Von Kirchveischede ist es nur noch ein Katzensprung zur Burg Bilstein und dem Aussichtsturm Hohe Bracht, dem Wahrzeichen des Kreises Olpe.

13

Vom **Aussichtsturm Hohe Bracht** bietet sich ein wunderbares Sauerlandpanorama

Restaurant Hohe Bracht
Hohe Bracht 1
57368 Lennestadt
02723 7199595
www.hohebracht.com

SAGENHAFTER BLICK INS SAUERLAND

Aussichtsturm *Hohe Bracht*

Das Motto: Augen auf und schauen. Ich stehe auf der Plattform des Aussichtsturms *Hohe Bracht* und kann mich an dem Panorama nicht sattsehen. Das Sauerland liegt mir an diesem Frühsommernachmittag vor Augen: Bilstein, Altenhundem, das Ebbegebirge und das Lennegebirge, die Saalhauser Berge, das Rothaargebirge und der Astenturm auf dem Kahlen Asten. Sanfte Hügellinien, Bäume, Tannenwipfel – dieses Bild ist typisch ist für meine Sauerländer Heimat – und so schön.

Aus diesem Grund bin ich sehr froh, dass der Aussichtsturm, die Außenanlagen mitsamt dem dazugehörigen Gastronomiebereich im Erdgeschoss des Turms 2017 umfassend renoviert und restauriert wurden. Es wäre schade gewesen, wenn die Hohe Bracht eines Tages dem Verfall preisgegeben worden wäre. Rund zwei Millionen Euro, heißt es, hat sich der Kreis Olpe die Arbeiten an seinem Wahrzeichen kosten lassen. Es hat sich gelohnt.

Auf dem Buckel hat der Turm schon einige Jahre. Die Einweihung des rundum schiefergetäfelten 36 Meter hohen Turms konnte im Oktober 1930 gefeiert werden – mit einer Premiere! Der Westdeutsche Rundfunk übertrug die Festlichkeiten – es waren die ersten Worte, die aus dem Sauerland gesendet wurden. Die Hohe Bracht sollte den Einheimischen und den zugereisten Gästen die Schönheiten des Sauerlandes vor Augen führen – das war das erklärte Ziel, das die Mitglieder des Gründungskomitees mit dem Bau des Turms verfolgten. Und noch eins hatten sie – ganz modern – im Sinn: die Belebung des Tourismus.

Ihre Rechnung sollte aufgehen. Sportbegeisterte schätzen die Hohe Bracht. Eine Rodelbahn, drei Langlaufloipen mit verschiedenen Längen und eine Skipiste mit Lift und Flutlicht lockt die Wintersportler. Wanderer können sich über Rundwege mit einer Gesamtlänge von rund 30 Kilometern freuen.

Im Erdgeschoss des Aussichtsturms befindet sich das Restaurant *Hohe Bracht.* Genießen können die großen und kleinen Gäste die Gaumenfreuden im Freien und im Innenbereich des Restaurants.

14

Wendener Hütte
Hochofenstraße 6
57482 Wenden
02761 81401
www.wendener-huette.de

FEUER UND WASSER HAND IN HAND

Wendener Hütte

Langsam setzt sich das große, schwere Wasserrad im unteren Teich in Bewegung. Da schlägt das Herz eines jeden Technikfreundes höher – auch meines. Es ist immer aufregend, die alte Technik in Betrieb zu sehen, mitzuerleben, dass und wie jahrhundertealtes Handwerk die Zeiten überdauert hat und immer noch funktioniert! Im Inneren der Hütte bestaune ich das Hammerwerk. Wie schwer muss die Arbeit gewesen sein! Von Arbeitsschutz war in den Zeiten, als die Wendener Hütte Anfang des 18. Jahrhunderts ihren Betrieb aufnahm, auch noch keine Rede.

Eisen wurde hier verhüttet. Wieder einmal ist es das Metall, das mir so oft begegnet bei meinen Reisen durch meine sauerländische Heimat. Die Wendener Hütte produzierte Roheisen, das in Hammerwerken zu Schmiedeeisen weiterverarbeitet wurde. Ihre Produkte verkauften die Wendener weiter an die Drahtrollen nach Altena und die Hammerwerke an der Ennepe. Die Wendener Hütte genoss einen guten Ruf, ihre technische Ausrüstung galt als besonders hochwertig.

Doch die Blütezeit sollte nicht ewig dauern. Elf Jahre nach der Teilnahme an der Industrieausstellung in Paris im Jahr 1855 stellte die Hütte ihren Betrieb ein. Eine Sägemühle zog in die Gebäude, später eine Trikotagenfabrik. Die ursprüngliche Betriebseinrichtung der Wendener Hütte wurde verkauft oder verschrottet.

Ein glücklicher Zufall rettete die Wendener Hütte: Ein Mitarbeiter des westfälischen Landeskonservators wurde auf das Gebäudeensemble aufmerksam. 1977/78 entschloss man sich zu einer Sanierung und stellte die Hütte schließlich als »Technisches Kulturdenkmal« unter Denkmalschutz. So konnte ab 1989 auf dem Areal der Wendener Hütte ein Museum entstehen, das seit 1993 jährlich viele Besucher, darunter auch mich, begeistert. In einer Dauerausstellung können die Besucher vieles über die Geschichte der Wendener Hütte und die Geschichte der Eisenverhüttung im Sauerland erfahren

Im Eingangsbereich bieten die stets freundlichen und gesprächigen Mitglieder des Museumsvereins der Wendener Hütte Kuchen und Getränke zu kleinen Preisen an.

DAS HOCHSAUERLAND

15

Landgasthof Seemer
Südstraße 4
59889 Eslohe-
Wenholthausen
02973 570
www.seemer.de

EIN MUSS FÜR FEINSCHMECKER

Landgasthof Seemer

»Wenn du nach Wenholthausen kommst, dann iss im Gasthof Zur Post bei Seemers.« Diesen Tipp habe ich von meinen Eltern, passionierten Hochsauerlandbesuchern und Freunden der guten Küche. Dass sich die Reise gelohnt hat, steht für mich bereits fest, als wir den Ortseingang gerade passiert haben. Wenholthausen ist ein echtes Kleinod, ein Dorf mit einer mehr als 700-jährigen Geschichte und einer wunderbar-heimeligen Atmosphäre. Hier will man Urlaub machen, wandern gehen, mit dem Trekking-Rad oder E-Bike die Umgebung auskundschaften.

Genauso wie das Dorf ist auch der Gasthof der Familie Seemer. Seit dem Jahr 1536 liegt das Haus in Familienhand. Hier spielen Traditionen eine große Rolle. Der Schankraum mit der niedrigen Decke und der langen Theke ist eher rustikal gehalten, die weiteren Gasträume kommen eleganter und bürgerlicher daher. Im Sommer lockt der Postgarten mit handgemachten Tischen, Bänken und Stühlen aus Eiche.

Hier kommt jeder auf seine Kosten. Dafür sorgt seit Januar 2014 Alexandra Weißenfels-Seemer gemeinsam mit ihrer Schwester Julia Seemer. Traditionen sind den Schwestern wichtig, aber eines musste trotzdem sein: die Umbennung von Seemer's Gasthof zur Post in Landgasthof Seemer.

Vom Fach sind beide Schwestern und ergänzen sich mit ihren Qualifikationen und ihrem Know-how aufs Beste. Alexandra Weißenfels-Seemers Werdegang als Köchin ist beeindruckend. Gekocht hat sie bereits in vielen Sterne-Küchen im In- und Ausland. In Wenholthausen setzt Alexandra Seemer auf saisonale und regionale Küche, serviert Gans, Kürbis, Wild, Maronen und Pilze im Herbst, Spargel und Erdbeeren im Frühsommer. Julia Seemers beruflicher Weg ging in die kaufmännische Richtung. Und auch sie sammelte viele Erfahrungen im Ausland, bevor sie den elterlichen Betrieb übernahm.

Auch für Wellness-Freunde ist der Landgasthof Seemer eine gute Adresse. Mehrere Saunen, ein Solarium und ein Whirlpool stehen zur Verfügung.

16

Maschinen- und Heimatmuseum Eslohe
Homertstraße 27
59889 Eslohe
02973 2455 oder
02973 800220
www.museum-eslohe.de

EIN PARADIES DER SAMMELLEIDENSCHAFT

Maschinen- und Heimatmuseum Eslohe

Eberhard Koenig war ein leidenschaftlicher Sammler. Vor allem Maschinen hatten es ihm angetan. Der Esloher Fabrikant, der am 15. März 1908 im Nahmertal bei Hohenlimburg geboren wurde, trug in seinem Leben eine illustre Menge an Objekten zusammen: ein Kutschenschlitten, eine Feuerwehrpumpe, eine Diesellok, eine Sämaschine, ein Rübenschneider, ein Schiffsdynamo – dies sind nur einige der Dinge, die Koenig in seinen Besitz brachte. War die Arbeit der Woche getan, verlustierte sich Koenig an Wochenenden mit seiner Sammlung, warf Maschinen an, ließ Walzen laufen. »Ich will nicht, dass das alles auseinander gerissen wird. Das muss zusammenbleiben« – der Wille Koenigs manifestiert sich im Maschinen- und Heimatmuseum Eslohe.

Ein Sammlerleben ist hier durch Exponate dokumentiert, die liebevoll in hellen, großzügigen Hallen und einem wunderbar dämmrigen Dachgeschoss mit Schrägbalken präsentiert werden. Ganze Handwerkerwerkstätten sind hier im Original vorhanden: So bekommt der Museumsgast einen Einblick in die Künste von Schreinern, Schustern, Stellmachern und Schlossern, um nur einige zu nennen. Bis hin zum letzten Schusterleisten, zum letzten Hobel – hier ist alles authentisch. Kein Wunsch des Besuchers bleibt offen: Wer sich für die Geschichte der Waschmaschine interessiert, kommt genauso auf seine Kosten wie der Freund von Dampfmaschinen und Loks.

Ganz wie nebenbei beginnt man beim Gang durch die Ausstellung zu erahnen, welche Persönlichkeit hinter dem Fabrikanten Eberhard Koenig steckte. Ein Freigeist und Philosoph muss er gewesen sein, jemand, der in keine Schublade passte – und auch nicht passen wollte. Herrlich mäandernd und unaufgeräumt, vielseitig, neugierig. Gut für die Besucher des Museums, denn sie können sich an Koenigs Schatz erfreuen und in ihm schwelgen.

Auch das Mundartarchiv zu Ehren des Werks der sauerländischen Lyrikerin Christine Koch befindet sich im Maschinen- und Heimatmuseum Eslohe.

17

Spaziergang durch Arnsberg
Ab Amtsgericht
Eichholzstraße 4
59821 Arnsberg

Informationen:
Verkehrsverein Arnsberg
Neumarkt 6
59821 Arnsberg
02931 4055
www.arnsberg-info.de

KAFKAESK, ABER NICHT GRUSELIG

Spaziergang durch Alt- und Neustadt

Mit Arnsberg verbinde ich den Namen Franz Kafka. Sein Gesamtwerk wechselte in einer der letzten inhabergeführten Buchhandlungen Arnsbergs in meinen Besitz. Aber die Verbindung geht noch weiter. »Beamtenstadt« wurde Arnsberg früher genannt. Die Dichte an Juristen ist hoch. Heute ist Arnsberg Sitz der Bezirksregierung. Und dann die Topografie! Das ehemalige Schloss auf dem Berg – unten die Stadt. Arnsberg könnte der Fantasie Franz Kafkas entsprungen sein. Meinen Spaziergang beginne ich tatsächlich am Amtsgericht. Hier lebt der Klassizismus. Im Licht der gleißenden Sonne tut das Weiß der Fassaden in den Augen fast weh. Ich komme zum Kloster Wedinghausen – und zum Hirschberger Tor. Wie der Name schon sagt, tummeln sich hier Hirsche, aber auch Wildschweine und Jagdhunde. Kurfürst Clemens August ließ dieses Portal im Jahre 1753 für sein Jagdschloss in Hirschberg errichten. Dort blieb es bis zum Jahre 1826 – und wurde dann, zum Schutze des Tores, nach Arnsberg überführt. Hier diente es als Eingangstor für das Gymnasium Laurentianum Arnsberg, das direkt neben der Propsteikirche und den Resten des Klosters Wedinghausen liegt, in dem heute das Stadtarchiv zu finden ist. Ich lasse den Neumarkt und das Klassizismus-Viertel, die Auferstehungskirche und das ehemalige Zivilkasino hinter mir und richte meinen Schritt nun Richtung Schlossruine auf dem Berg.

Der Alte Markt ist eingerahmt von Fachwerk- und Patrizierhäusern. Hier steht der Maximiliansbrunnen, direkt gegenüber das Alte Rathaus. Über Kopfsteinpflaster geht es nun bergauf Richtung Schloss, vorbei an Fachwerkhäusern und denkmalgeschützten Bauten, an Geranien in Blumenkästen an Fenstern mit Läden. Wie aus dem Bilderbuch erscheint die Stadt, Idylle pur. Aber ein Rest kafkaeske Stimmung bleibt und macht die Stadt umso spannender.

Das Wahrzeichen der Stadt Arnsberg ist der Glockenturm. Er gehört zur Stadtkapelle St. Georg, einer katholischen Kirche in der Altstadt.

18

Schlossruine
Schloßstraße 50
59821 Arnsberg
02931 4055
www.arnsberg-info.de

EIN FÜRSTLICHER BLICK AUF DIE STADT

Schlossruine

Was für eine Kulisse: Sommer, Sonne, Schlossruine. All das gibt es hoch über der Stadt Arnsberg ganz umsonst. Das Schloss auf dem Berg erreicht man nach einem Fußmarsch durch die Altstadt – immer bergauf, 256 Meter hoch. Am Anfang war jedoch nicht das Schloss, sondern die Burg. Als Erbauer zeichnen die Grafen von Werl-Arnsberg verantwortlich. Hier hatten sie bis zum Jahre 1368 ihren Wohnsitz. Jenes Jahr markiert eine Zeitenwende: Die Grafschaft Arnsberg ging an die kölnischen Erzbischöfe und wurde so zum Herrschaftszentrum des Herzogtums Westfalen. Hier ging in jenen Tagen aus und ein, was Rang und Namen hatte – auch die Landtage fanden auf der Burg statt. In großem Stile ließ Kurfürst Salentin von Isenburg das Gebäude umbauen. Nach den Arbeiten erstrahlte die Burg als Prachtbau der Renaissance, bis 1739 Kurfürst Clemens August Lust auf Veränderung verspürte. Er beauftragte einen der bekanntesten Barockbaumeister – Johann Conrad Schlaun. Dessen Bemühungen wurden jedoch nur wenig mehr als 20 Jahre später zunichte gemacht. Der Siebenjährige Krieg verheerte im 18. Jahrhundert die Lande und auch die Zerstörung des Arnsberger Schlosses geht auf seine Rechnung. Im Jahr 1762 machte ein Brand der prachtvollen Anlage den Garaus.

Doch verloren ist der Flair des Ortes nicht – denn die Ruine des Schlosses wirkt heute wie ein Landschaftspark mit romantischen Einflüssen. Dafür sorgte 1818 der Düsseldorfer Gartenarchitekt Maximilian Friedrich Weyhe. Ihm sei an dieser Stelle ausdrücklich gedankt. Denn er hat den Arnsbergern und allen Besuchern der Stadt einen herrlichen Ort geschenkt. Der Ausblick auf die Stadt aus erhabener Perspektive ist unvergleichlich. Stundenlang kann man auf den alten, zum Teil eingefallenen Mauerresten sitzen und das Auge schweifen lassen – und so vielleicht erahnen, wie unsere Vorväter hier »gehaust« haben.

Arnsberg liegt die Ruine am Herzen. Um sie erhalten zu können und bekannter zu machen, feiert man ein jährliches Fest, dessen Erlös der Instandhaltung dient.

19

Jagdschloss Herdringen
Zum Herdringer Schloss 7
59757 Arnsberg
02932 4830
www.schloss-herdringen.de

EDGAR WALLACE ODER ROSAMUNDE PILCHER

Jagdschloss Herdringen

Für Besucher öffnet das Jagdschloss Herdringen seine Pforten nur zu Anlässen wie der LebensArt Sauerland, Konzerten oder nach persönlicher Vereinbarung. Doch lohnt sich auch bei geschlossenen Toren ein Besuch des Schlosses im nachempfundenen Tudorstil. Denn hier, auf diesem Grund und Boden, trug sich so viel Schauerliches zu, dass ein wenig Distanz und Vorsicht nicht schaden können.

Der schwarze Abt und der Fälscher von London trieben hier ihr Unwesen. Wer in seiner Jugend auf Spannung in Schwarz-Weiß versessen war, erinnert sich vielleicht an die Edgar-Wallace-Verfilmungen gleichen Namens. Und wer damals genau hingesehen hat, der konnte die Zinnen des Jagdschlosses erspähen. Der angeblich typische Londoner Nebel war also eigentlich »made in Sauerland«. Wie hervorragend sich das Schloss als Filmkulisse eignet, zeigt auch der ZDF-Mehrteiler *Krupp – eine deutsche Familie*, für den ebenfalls in Herdringen gedreht wurde.

Doch auch ohne diese cineastische Vergangenheit müsste sich das Anwesen nicht verstecken. Gilt es doch als einer der wichtigsten neugotischen Profanbauten in Westfalen. Und auch sein Erbauer war nicht irgendwer, sondern der Kölner Dombaumeister Ernst Friedrich Zwirner. Stolz konnte er nach neun Jahren Bauphase 1853 das fertige Schloss den Freiherren von Fürstenberg präsentieren. Begeistert nahmen die Hausherren ihr neues Domizil in Empfang – und rissen das alte, die Kettelburg, kurzerhand ab. Nach dem Zweiten Weltkrieg war der Prachtbau mehr als 20 Jahre an den Diözesan-Caritasverband Paderborn vermietet. Ab 1968 beherbergte das Schloss 30 Jahre lang Internatsschüler. Heute kommen Hochzeitsgesellschaften und Tagungsteilnehmer und glauben vielleicht – ob der idyllisch-malerischen Kulisse – in einer Rosamunde-Pilcher-Verfilmung gelandet zu sein.

Für Freunde von Hirsch-, Reh-, Wildschweinfleisch und Wildspezialitäten bietet das Forstamt derer von Fürstenberg einen Direktverkauf im Schloss.

20

Wildwald Vosswinkel
Bellingsen 5
59757 Arnsberg-
Vosswinkel
02932 97230
www.wildwald.de

Waldgasthaus Schürmann
Lattenberg 7
59823 Arnsberg-
Oeventrop
02937 333
www.lattenberg.de

IM ANGESICHT DES KEILERS

Wildwald Vosswinkel

Wem Zootiere in ihren beengten Gehegen und Käfigen leidtun, der ist im Wildwald Vosswinkel genau richtig. Ich war als Kind begeistert von Wildschweinen, Hirschen und Rehen, die sich frei bewegen durften, und konnte von Besuchen im Wildwald gar nicht genug bekommen. Erst als Erwachsene realisierte ich, wie gefährlich vor allem die von mir so geliebten Schwarzkittel sein konnten.

Ein Szenario, das es in sich hat: Menschen, gefangen auf einem Hochsitz. Unter ihnen eine Rotte mit gierig schmatzenden und grunzenden Wildschweinen. Das habe ich selbst erlebt. Zwei Stunden saßen wir fest, hatten Angst, die Leiter hinunterzusteigen. Geändert hat das an meiner Einstellung aber nichts: Ich mag den Wildwald. Frischlinge-Gucken, Hirsche-Beäugen – das ist großartig. Und außerdem hat sich seit meiner Kinderzeit vieles getan. Das merke ich schon im Eingangsbereich. »Uhi«, der durchdringend jeden Besucher begutachtende Uhumann, ist erst im Jahr 2002 im Wildwald aus dem Ei geschlüpft. Mich kann er schnell als neues Mitglied in seinem Fanclub begrüßen. Und der ist groß, wissen die Wildwald-Mitarbeiter zu berichten. Besonders faszinieren mich die Verwandten meiner früheren Lieblinge: die Mini-Schweine. »Die beißen aber auch«, erklärt ein kleiner Besucher neben mir. Ihm ist das genauso egal wie mir – wir sind einfach nur begeistert. Am frühen Nachmittag steht die Fütterung der Wildschweine an. Eine halbe Stunde später sind die Nachttiere dran, also Fuchs, Waschbär und Uhu. Die Hatz auf die Futterhappen macht allen Spaß: den Tieren und den Besuchern.

Für ganz besonders Wagemutige und Unerschrockene bietet der Wildwald zwei Schmankerl: eine Nacht im Wald mit Abendessen und Frühstück inklusive und einen Naturklettergarten. Für mich ist aber das Beobachten der Tiere immer noch der Hauptgrund für einen Besuch.

Wen das Wandern und Tierebeobachten hungrig gemacht hat, kann im Waldgasthaus Wildspezialitäten wie Hirschgulasch und Wildschweinschinken genießen.

21

Klostergartenmuseum im Kloster Oelinghausen
59757 Arnsberg-Oelinghausen
02932 31644
www.oelinghausen-freundeskreis.de

ZUCHT UND ORDNUNG IM GARTEN GOTTES

Klostergartenmuseum

Klingende Namen blühen hier: Alant, blauer Eisenhut und die Kartäusernelke, Eibisch, Frauenmantel und Heil-Ziest. Im Garten des Klosters Oelinghausen in der Nähe von Arnsberg herrscht Zucht und Ordnung. Hier sind die Beete Themen zugeordnet. Hier bleiben Giftpflanzen unter sich, Symbolpflanzen pflegen nur Umgang mit ihresgleichen und auch im Hildegard-von-Bingen-Beet darf nicht jede Pflanze wurzeln. Der Herr über die Pflanzen ist Dr. Günter Berzen. Er zeichnet für das Konzept verantwortlich, für die Themenbeete und die Pflanzenauswahl. Aber um den Klostergarten und vor allem auch das angeschlossene Klostergartenmuseum für Besucher attraktiv zu machen und offen zu halten, brauchte Berzen Unterstützung. Der Verein Freundeskreis Oelinghausen schloss die Lücke und sorgte in den vergangenen Jahren für regelmäßige Führungen durch den Garten, die sich bei den Gästen großer Beliebtheit erfreuen.

Ein Höhepunkt neben dem blühenden und duftenden Garten ist das Klostergartenmuseum. Ein Modell im Eingangsbereich zeigt Kloster und Gut Oelinghausen um 1800. Vor allem aber beantwortet das Museum viele Fragen des Gastes nach dem Garten. Welche Pflanzen sind unerlässlich, wie wurde er angelegt, welche Aufgabe hatte er innerhalb des Klosters? Die ausgestellte Klosterapotheke zeigt dem Besucher, wie die geernteten Heilpflanzen zuerst getrocknet und dann zu Arznei verarbeitet wurden.

Aber auch auf ganz praktische Fragen des Gartenbaus gibt das Museum Antworten. Man gewinnt Einblicke in die Gartenarbeit im Wandel der Zeit, erfährt vieles über Schädlingsbekämpfung, Düngung, Pflanzenkrankheiten und die Möglichkeiten ihrer Bekämpfung. Wenn der Besucher dann noch einmal in den Klostergarten zurückkehrt, sieht er die Blumen- und Pflanzenbeete mit ganz anderen Augen.

Im Shop des Klostergartenmuseums findet man das Oelinghauser Orgeltröpfchen – ein Halbbitter, der nach einem üppigen Mahl Wunder wirken kann.

22

Sorpesee
Startpunkt für Seeumrundung: Parkplatz an der Seestraße
59846 Sundern

Stadtmarketing Sundern
Rathausplatz 7
59846 Sundern
02933 979590
www.sorpesee.de

AUCH EIN SEE KANN MEER SEIN

Sorpesee

Für mich war die Sorpe immer mehr als nur ein See – vielleicht sogar Meer. Als Kind liebte ich Ausflüge an den Stausee in Sundern fast genauso sehr wie den Sommerurlaub an der Nordsee. Wasser, Wasser, nichts als Wasser – und ich immer mittendrin. Ob im Strandbad oder wild und richtig romantisch an einer der kleinen, abgelegenen Buchten – hier machte und macht das Schwimmen und Sich-Treiben-Lassen einfach Spaß. Hier habe ich als Heranwachsende zum ersten Mal verstanden, was gemeint ist, wenn man von Naherholung spricht. Und uncool war und ist die Sorpe nie und für niemanden. Denn schließlich bietet das Baden nicht das einzige Vergnügen, dem man sich hier im Wasser hingeben kann.

Taucher zieht die Sorpe an wie ein Magnet – schließlich ist sie der tiefste Stausee im gesamten Sauerland. Und auch Surfer, Ruderer, Kanuten und Segler zieht es nach Sundern ans Wasser. Wer es eher wohlig faul und beschaulich liebt, kann mit der MS Sorpesee über die Talsperre schippern. Aber auch am Ufer kann man als Besucher die Sorpe genießen. Für Wanderer und Radfahrer gibt es seit dem Jahr 2005 einen eigens angelegten Weg, auf dem man den Stausee umrunden kann – und das abseits des Straßenverkehrs.

An lauen Sommernachmittagen und -abenden zieht es dann alle zur Promenade – nicht nur die Besucher, sondern auch die Einheimischen lieben und schätzen den neu gestalteten Uferbereich in der Nähe des Strandbades. Ob mit einem guten Buch oder einem leckeren Eis auf einer bequemen Bank, mit Inlinern unter den Füßen auf dem Weg oder mit Ball und Frisbee auf dem Rasen – hier findet jeder Entspannung und Spaß. Auch auf dem Spielplatz mit Wippen, Schaukeln und Rutschen ist immer viel los. Beim Flanieren kommt dann ein Hauch von südlichem Flair auf, wenn die Sonne in der Sorpe untergeht und sich die Dämmerung über die Wasser senkt.

Der Ruhrverband bietet nach vorheriger Anmeldung eine rund zweistündige Besichtigungstour der Talsperrenanlage und der Kontrollstollen an.

23

Hofladen Greitemann
Seidfelder Straße 1
59846 Sundern-Seidfeld
02933 2989
www.hofladen-greitemann.de

ERST MELKEN, DANN GENIESSEN

Hofladen Greitemann

Nicht nur Kinder legen gerne einmal Hand an. Auch der eine oder andere Erwachsene kann es nicht sein lassen. Zu verführerisch ist das rosa Plastikeuter, das vor dem Scheunentor der Familie Greitemann zu finden ist, und zum Probemelken einlädt. Direkt daneben steht ein wichtiger Automat. »An der Milchtankstelle zapfen unsere Kunden selbst«, erklärt Margit Greitemann, die seit dem Jahr 2000 im angeschlossenen Hofladen die Fäden in der Hand hält. Die Idee dazu kam der gelernten Hauswirtschafterin mit Meistertitel bereits fünf Jahre früher. »Eigentlich sind wir ja ein klassischer Milchviehbetrieb. Aber was sprach dagegen, neben der Milch auch selbstgekochte Marmeladen und selbstgebackene Plätzchen zu verkaufen?« Nichts, beschlossen die Greitemanns, bauten kurzerhand die Scheune zu einem schmucken Dorfladenlokal aus – und stellten sich auf Kundschaft ein.

Die kam und kommt heute noch. Oftmals auch von weit her. »Unsere Kunden wissen, dass wir auf Qualität und Frische setzen«, sagt Margit Greitemann und betont: »Unser Angebot ist streng saisonal.« Erdbeeren zur Weihnachtszeit – für die Greitemanns unmöglich und daher auch nicht vorrätig im Hofladen. Die Kunden teilen die Philosophie der Anbieter, wissen es zu schätzen, dass die Waren, die zum Verkauf angeboten werden, »von hier kommen«. Bei Margit Greitemann wandern noch selbstgesammelte Beeren und Kräuter ins Glas. Leckere Fruchtaufstriche, eingelegte Butterbrotgürkchen oder das herzhaft gewürzte Zucchinikompott stehen in langen Reihen in den Regalen. In Körben und Kisten ist das Frischangebot präsentiert. Kartoffeln, Rüben, Tomaten – alles ist da, alles ist zu haben.

Und wem einmal die zündende Idee für die Zubereitung fehlt, der kann sich vom reichhaltigen Angebot an Kochbüchern inspirieren lassen, die ebenfalls zum Kauf angeboten werden.

Auf Wunsch stellt Margit Greitemann Präsentkörbe zusammen. Das reichhaltige Sortiment bietet viele Möglichkeiten – erlaubt ist, was schmeckt.

24

Heinrich-Lübke-Haus
Zum Pläsken 3
59846 Sundern-Enkhausen
02935 1545
www.sundern.de

EINEN FÜNFER VOM BUNDESPRÄSIDENT

Heinrich-Lübke-Haus

Gerhard Hafner ist ein Quell der Information. Aber nicht nur, weil er sich das Wissen, das er dem Besucher des Heinrich-Lübke-Hauses in Enkhausen mitgibt, über die Jahre angeeignet hat. »Ich habe Lübke gekannt. Ich war zwar noch ein Kind – aber immerhin«, sagt der Enkhausener Ortsvorsteher nicht ohne ein Quäntchen Stolz auf sein Wissen aus erster Hand. Einmal steckte ihm Lübke ein Fünfmarkstück zu, »weil ich für ihn Musik gemacht habe.« Mit der Ehefrau des zweiten Bundespräsidenten der Bundesrepublik hat Hafner sogar ein Tänzchen aufs Parkett gelegt. Eine First Lady vom Scheitel bis zur Sohle sei Wilhelmine Lübke gewesen, aber auch eine Frau, die bei Jugendlichen den richtigen Ton traf. »Sie war schon 80 Jahre alt, aber sie redete mehr und war lockerer als die Mädels in meinem Alter.«

Die Heinrich-Lübke-Gedächtnisstätte im Geburtsort des ehemaligen Bundespräsidenten lebt durch zahlreiche Exponate aus Kindheit, Jugend, Ausbildungszeit und Politikerkarriere – aber vor allem durch die mitreißende, lebendige Schilderung Hafners, der jede noch so abseitige Frage zu beantworten weiß, Anekdoten von Lübkes Aufenthalten in Enkhausen erzählen kann und auch wichtige Erklärungen zur Zeitgeschichte liefert, die helfen, ein besseres und runderes Bild von Heinrich Lübke zu bekommen. »Er hatte viele Beinamen. Wegen seiner roten Haare und seiner sozialen Einstellung nannten ihn viele »roter Heinrich« oder »schwarzer Sozialist«. Andere wiederum hatten ihm den Spitznamen »grüner Heinrich« gegeben, weil er sich in Landwirtschaftsfragen gut auskannte und sich immer für die Belange der Bauern eingesetzt hat.«

Der Mann, der als Sauerländer Urgestein an der Spitze der noch jungen Bundesrepublik stand, war ein facettenreicher Charakter – den man nur mit einem Besuch im Enkhausener Lübke-Haus nicht erfassen kann.

Gegenüber der Gedächtnisstätte findet man auf dem Friedhof das Familiengrab der Lübkes. Heinrich Lübke liegt hier mit seiner Ehefrau Wilhelmine begraben.

25
Abtei Königsmünster
Klosterberg 11
59872 Meschede
0291 29950
www.koenigsmuenster.de

RAUM FÜR BESINNUNG UND GESPRÄCH

Abtei Königsmünster

Ein mächtiger roter Klinkersteinbau vor einem stahlblauen Himmel. So empfängt mich an diesem Sommertag die Abtei Königsmünster. Dieser Ort zog mich schon als Kind magisch an. Wie eine Trutzburg ragt die Kirche empor. Eckig und kantig ist der Bau, schlicht und einfach. Ein modernes Gotteshaus haben die Benediktiner sich hier in Meschede geschaffen, eine Kirche für Menschen von heute. Keine verspielten Türme, kein Schmuckwerk – nur Steine. Und ein paar Fenster. Aber die wirken umso mehr. Blau in allen Schattierungen dominiert das Bild, nur durchbrochen von Formen in Rot-Orange, die an Fische erinnern – ein wichtiges Symbol der Christenheit.

Hier herrscht Ruhe, hier gibt es Raum für Besinnung, für Innenschau. Hier kann man Abstand gewinnen vom Stress und den Sorgen des Alltags, von all den Ansprüchen, die die moderne, immer schnelllebigere Welt an jeden von uns stellt. Hier kann man Kraft tanken, leere Akkus aufladen, neue Ideen, neue Ziele finden und definieren. Der Orden unterstützt den Wunsch der Besucher, das Kloster als Ort der Ruhe, Inspiration und Weiterbildung zu nutzen, mit einem vielfältigen und umfangreichen Angebot an Seminaren und Workshops: Eine Choralwerkstatt, Meditationstage, Fortbildungen für Trauerbegleiter, kontemplative Exerzitien und Ikebana-Kurse stehen Jahr für Jahr immer wieder auf dem Programm.

Die Teilnehmer können in der Oase oder aber in 20 Einzelzimmern im Haus der Stille Unterkunft finden. Die großen, hellen Räume, schlicht und dennoch elegant, empfangen den Gast und geben weit mehr als Obdach. Sie schaffen die Möglichkeit zum spirituellen Gespräch mit Gott, zum Gebet. Und auch die Mönche stehen für geistliche Gespräche zur Verfügung, begleiten und – wenn gewünscht – leiten den Gast zu sich und den Wurzeln seines Glaubens.

40 Jahre hat die Abteiorgel auf dem Buckel. Zeit, eine neue anzuschaffen. Die Mönche bemühen sich, zu diesem Zweck eine Million Euro zu sammeln.

26

Spazerigang durch Eversberg
Ab Rathaus
Mittelstraße 2
59872 Meschede-Eversberg

Verkehrsverein Eversberg
Oststraße 5
59872 Meschede-Eversberg
0171 2155379
www.verkehrsverein-eversberg.de

EIN DÖRFCHEN FÜR DIE SCHNEEKUGEL

Spaziergang durch das Fachwerkdorf

Dieser erste Blick ist immer der schönste. Da liegt es, das Örtchen, das eigentlich nur ein Märchenerzähler erbaut haben kann. So malerisch, so zauberhaft, so einladend. Rund um und auf den Berg ist Eversberg gebaut – in Fachwerk. Alles ist hier schwarz und weiß. Und klein und beschaulich. Ich ertappe mich mal wieder bei dem Gedanken, dass Eversberg in Miniaturform in eine Schneekugel gehört. Ich bin mir sicher: Amerikanische und japanische Touristen würden, nachdem sie diese Kugel in Händen gehalten haben, in Massen nach Eversberg kommen.

Ganz oben über dem Dorf weht eine weiß-blaue Fahne im Sommerwind. Schweißtreibend ist der Aufstieg – aber auch lohnend. Der Blick, den man von der Burgruine auf Eversberg und das Umland werfen kann, entschädigt für alles. Graf Gottfried III. erbaute die Burg, von der heute leider nur noch eine Ruine übrig ist. Der Vater des Burgherren, Graf Gottfried II. von Arnsberg, hatte Eversberg im Jahre 1242 die Stadtrechte verliehen. Bestimmt war auch er verliebt in dieses zauberhafte Fleckchen Erde – aber wohl weniger aus ästhetischen Gründen. Für den Grafen war das Dorf ein Bollwerk gegen das Land der Kurkölschen, eine Speerspitze gegen Rüthen, Warstein und Belecke. Im Jahr 1369 wurde Arnsberg kurkölnisch – und damit auch Eversberg.

Aber einen Wert hatte das Dorf auch dann noch, nämlich durch seine Lage zwischen den Wäldern. Sie begründeten lange Zeit den Reichtum der Eversberger. Und in ihnen tummelte sich auch das, was dem Dorf seinen Namen gab: das Wildschwein. Rein sprachlich ist der Weg vom Wörtchen »Eber« hin zum Wort »Evers« nicht weit. Das männliche Wildschwein oder besser sein Kopf findet sich wohl aus diesem Grund im Stadtwappen wieder. Und das Konterfei des Schwarzkittels begegnet Ihnen oft, wenn Sie durch das Dorf flanieren.

Besuchen muss man die St.-Johannes-Evangelist-Kirche. Ihr konnten weder Blitzeinschläge noch diverse Brände und Kriege dauerhaft Schaden zufügen.

27

Gerichtsmuseum Bad Fredeburg
Im Ohle 6
57392 Schmallenberg-Bad Fredeburg
02974 900222
www.gerichtsmuseum.de

UNTER DER LINDE WARTET DER TOD

Gerichtsmuseum

Der Scheiterhaufen ist fertig aufgeschichtet. Fehlt die Hexe, die verbrannt wird und – im Angesichts des Todes – um Erbarmen fleht. Und auch die Schlinge baumelt am Galgenbaum und wartet nur darauf, sich immer enger um den Hals eines Mörders zu ziehen. Beide Hinrichtungsstätten bleiben leer – und zeigen im Bad Fredeburger Gerichtsmuseum doch auf beeindruckende und gleichzeitig bedrückende Weise, wie man in früheren Zeiten mit Verbrechern oder Menschen, die als solche gehandelt wurden, verfuhr. Eine Femlinde erinnert an die Gerichtsbarkeit im Mittelalter. Femegerichte sprachen damals unter freiem Himmel Recht, oft unter einem Gerichtsbaum, wie Josef Raulf Interessierten bei Führungen immer wieder gern erklärt. Die ersten Femegerichte gab es in Westfalen – ab Mitte des 14. Jahrhunderts lag das Wohl oder Wehe von Straftätern in ganz Deutschland in den Händen eines Freigrafen und sieben Freischöffen, den Richtern der Feme. Josef Raulf weiß auch, dass das Femegericht in Westfalen noch bis Ende des 18. Jahrhunderts von großer Bedeutung war. Im Rest Deutschlands hatte man sich schon mehr als zwei Jahrhunderte zuvor von dieser Institution verabschiedet.

Das Bad Fredeburger Gerichtsmuseum bleibt aber nicht bei den fernen Zeiten des 17. Jahrhunderts stehen. Utensilien, wie sie früher in Gerichten und juristischen Amtsstuben zu finden waren, eine komplett eingerichtete Gefängniszelle und eine Arme-Sünder-Bank können die Besucher betrachten. In der Bibliothek findet sich juristische Literatur, die bis in die Anfänge des 19. Jahrhunderts zurückreicht.

Groß ist das Gerichtsmuseum nicht – es findet im Dachgeschoss des Amtsgerichts Schmallenberg Platz. Aber der Raum reicht aus, um neue Einsichten und erschreckende Ansichten zu gewähren.

Nach dem Besuch des Museums sollte man sich einen Spaziergang durch Bad Fredeburg gönnen. Als Luftkurort und Kneippheilbad hat der Ortsteil Schmallenbergs vieles zu bieten.

28

Aufenthalte im **Heilstollen** bietet das **Land- und Kurhotel Tommes**
Heilstollenweg 9
57392 Schmallenberg-Nordenau
02975 96220
www.stollen-nordenau.de

Wunderwasser aus dem Hochsauerland

Heilstollen Nordenau

Eigentlich ging man in Nordenau früher einmal ganz profanen Geschäften nach. Nichts hätte die Männer, die von 1866 bis 1927 im Stollen Schiefer abbauten, denken lassen, dass hier einmal Menschen auf Liegestühlen ruhen und nicht arbeiten, sondern lediglich atmen würden. Das Wörtchen »lediglich« soll das, was hier unter der Erde geschieht, jedoch in keiner Weise schmälern. Wer heute in den Heilstollen kommt, leidet an Krankheiten wie Asthma, Reizhusten, chronischer Bronchitis, Migräne, Gliederschmerzen oder Tinnitus. Aber auch Hautkrankheiten sollen durch einen Aufenthalt im Stollen gelindert werden. Die Zahlen, die in Prozenten die Quote der Besserungen der Krankheitsbilder spiegeln, sind beeindruckend und sprechen von vielen Erfolgen.

Aber gesund ist nicht nur die Luft. Theodor Tommes, Besitzer des Stollens und des benachbarten Hotels, das den Kurbetrieb abwickelt, konnte es zuerst auch nicht glauben: Heilkräftiges Wasser sprudelte aus einer Quelle im Stollen. Wissenschaftler bestätigten nach eingehender Überprüfung: Das Wasser fängt freie Radikale – es kann abnorme Stoffwechselvorgänge regulieren und das Wachstum mutierter Zellen bremsen oder gar stoppen. Zu Deutsch: Das Wasser, das in Nordenau aus der Erde kommt, steht in dem Ruf, das Wachstum von Krebszellen zu hemmen. Aber auch für Menschen, die an Diabetes oder Herz-Kreislaufproblemen leiden, ist Nordenau ein Anziehungspunkt und ein Ort der Hoffnung auf Linderung und Heilung.

Und nicht nur vor Ort im Stollen trinken die Besucher das Heilwasser. Franz, gebürtiger Österreicher aus der Steiermark und von den Gästen heißgeliebter Hausmeister des Hotels Tommes, füllt täglich viele Flaschen mit der kostbaren Flüssigkeit, damit auch zu Hause gesund getrunken werden kann.

Theodor Tommes trinkt jeden Tag mehrere Gläser seines Quellwassers und war nach eigenen Angaben schon seit mehr als zehn Jahren nicht mehr krank.

29

Besteckfabrik Hesse
Wiesenstraße 11
57392 Schmallenberg-Fleckenberg
02972 960808
www.besteckfabrik-fleckenberg.de

BESTÜCKT FÜR KAFFEE UND KUCHEN

Besteckfabrik Hesse

Zuerst grüßen die Kühe den Besucher. Ihre Milch rührt man womit in den Kaffee? Genau, mit Löffeln. Und die bekam und bekommt man auch noch heute in der Besteckfirma Hesse. Nur dass das Unternehmen schon seit Jahren nicht mehr besteht und heute in den Gebäuden ein Museum untergebracht ist. Für die Inneneinrichtung der alten Gemäuer hatte das nur wenige Konsequenzen. Die Kolosse aus Stahl sind Relikte aus der Blütezeit. Wir sind in Schmallenberg im Sauerland – und wieder spielt die Metallverarbeitung die Hauptrolle. Die Menschen nutzen die Kraft des Lennewassers, um Wasserrad und Hammerwerk in Bewegung zu setzen.

Nach dem Niedergang der Stahlerzeugung Mitte des 19. Jahrhunderts tat sich in Fleckenberg einiges. Die in der Textilbranche tätige Firma Gebrüder Siepe aus Fredeburg baute im Jahr 1865 ein Fabrikgebäude. In ihrer Wollspinnerei wurden Wollgarne und später Strickjacken produziert. 1930 war Schluss – die Weltwirtschaftskrise setzte der Spinnerei ein Ende. Acht Jahre später kam neues Leben in die Fabrikgebäude. Die Firma Hesse, die in Iserlohn Reitsporen und Kleineisenwaren gefertigt hatte, wagte in Fleckenberg einen Neuanfang – mit Essbesteck. In den 1950er-Jahren florierten die Geschäfte. 1960 veränderte sich vieles: rostfreies Besteck aus Edelstahl begeisterte die Verbraucher. Die Firma Hesse konnte der Konkurrenz aus Übersee nicht standhalten. 1972 musste Inhaber Carl Hesse seine letzten Mitarbeiter entlassen. 1982 war Schluss mit der Besteckfirma.

Heute laufen die Maschinen wieder – konkurrenzlos! Die Besucher können den Männern über die Schulter schauen, die die Kaffeelöffel schleifen und polieren. Gelernt haben sie den Beruf nicht. Für sie sind die Besteckherstellung und der Museumsbetrieb ein liebgewordenes Hobby – das sie, zum Glück für die Besucher, nicht missen möchten.

Die Kaffeelöffel, deren Herstellung der Besucher Schritt für Schritt begleiten und beobachten kann, werden in der Besteckfirma auch zum Kauf angeboten.

30

Kyrill-Pfad
Startpunkt: Ortsausgang
57392 Schmallenberg-
Schanze

Informationen:
Fred Josef Hansen
Einsatzleiter der Ranger
0171 5871651
www.schmallenberg.info

KEIN ORT FÜR ORDNUNGSFANATIKER

Kyrill-Pfad

»Hier müsste dringend aufgeräumt werden.« Das schießt nicht nur putzwütigen Hausfrauen bei diesem Anblick durch den Kopf. Aber Aufräumen ist verboten. Der Kyrill-Pfad am Ortsausgang von Schmallenberg-Schanze will ungeschminkt zeigen, was der Sturm am 18. Januar 2007 bei seinem Besuch im Hochsauerland angerichtet hat. Auf dem Weg vom Parkplatz hinauf zum Eingang des Erlebnispfades deutet für den Besucher noch nichts darauf hin, dass ihn in Bälde Zerstörung und Verheerung erwarten. Dann setzt er den Fuß auf den Weg, der ihn durch das Sturmgebiet leitet, und zuerst ist sein Auge verwirrt und weiß nicht, was es sieht. Abgebrochene Bäume, die wie lange Stacheln aus dem Boden ragen. Krater, die sich im Boden auftun, weil Kyrill nicht ruhte, bevor er nicht ein paar Bäume entwurzelt hatte. Hier sieht es aus wie nach einem Bombenangriff – das ist eine der ersten Assoziationen, die dem Besucher durch den Kopf schießt. An anderen Orten im Sauerland wurden die Sturmflächen wieder aufgeforstet. Hier auf dem Kyrillpfad ist die Zeit seit 2007 stehengeblieben.

Es gibt Menschen im Sauerland, die sich nach dem großen Sturm in ihrer eigenen Nachbarschaft beim Spaziergang verlaufen haben, die Stunde um Stunde im Wald oder dem, was davon übrig geblieben war, herumirrten und nicht wieder nach Hause fanden. Wer den Kyrill-Pfad abgeht, weiß, warum es diesen Menschen so erging. Anhaltspunkte, Wegmarken gibt es nicht, die Zerstörung hat alles gleich gemacht. Gut, dass die Ranger den Wanderer sicher durch das unwegsame Gelände bringen. Einen guten Kilometer lang ist die Strecke, rund 30 Minuten dauert die Wanderung. Auf der eines bereits zu sehen ist: Die Natur und ihre lebensspendende Kraft lassen sich nicht unterdrücken. Holunder, Fingerhut, kleine Fichten – neues Leben sprießt überall.

Rund 250 Meter des Kyrill-Pfades sind barrierefrei angelegt und so für Rollstuhlfahrer und Familien mit kleinen Kindern und Kinderwagen gut passierbar.

31

Der **Waldskulpturenweg** wird betreut von der **Kur und Freizeit GmbH Schmallenberger Sauerland**
Poststraße 7
57392 Schmallenberg
02972 97400
www.waldskulpturen-weg.de

KÜNSTLERISCHE WEGMARKEN

Waldskulpturenweg

2.163 Kilo Aluminium auf siebeneinhalb Meter Höhe gezogen. Das sind die Zahlen, die nicht annähernd das beschreiben können, was Heinrich Brummacks Krummstab darstellt. »Eine allzu große Macht stürzt durch ihre eigene Masse« – dieses Luther-Zitat komplettiert als Inschrift die Skulptur. Ich stehe unter dem riesigen, teils vergoldeten Stab, der sich als Wegmarke weithin sichtbar über den Wanderweg bei Schmallenberg-Schanze biegt, und fühle mich klein und trotzdem nicht machtlos. Größe und Macht – dieses Verhältnis lässt mich nicht los, während ich mich auf den Weg entlang des Waldskulpturenweges mache.

Ein wenig geschummelt habe ich, weil ich den ersten Teil des Marsches vom Rathaus in Bad Berleburg bis Schanze ausgelassen habe. Entgangen ist mir deshalb zum Beispiel das Kunstwerk *Kein leichtes Spiel* von Ansgar Nierhoff, einem der bedeutendsten Stahlbildhauer der Welt und gebürtigem Sauerländer. Das werde ich nachholen, habe ich entschieden, als Lili Fischers *Hexentanzplatz* in Sicht kommt und ich mich zurückversetzt fühle in eine Zeit, in der weise Frauen verfolgt und getötet wurden. Ich sehe einen großen Kessel, im Rund um ihn platziert aufgeschlagene Bücher. Märchen, Magie, Mythos – hier kommt alles zusammen. Nur schwer kann ich mich von diesem seltsam-verwunschenen Ort losreißen. Aber auf mich wartet noch *Blinker II,* Timm Ulrichs' Skulptur. 196 bewegliche Edelstahlspiegel fügen sich zu einer Filmleinwand, die mir ein sich immer wandelndes Bild der Natur zeigt. Ich wandere weiter Richtung Kloster Grafschaft. Irgendetwas liegt hier in der Luft! Seltsame Töne! Der Ursprung: Das Kunstwerk *Über den Teichen* – Kupferstelen, die Andreas Oldörp in den Boden gelassen hat. Hier endet meine Wanderung. Ich schummle wieder, weil ich die letzte Station auslasse. Aber ich werde wiederkommen.

Der Waldskulpturenweg entstand im Rahmen eines Kulturprojektes und zeigt auf einer Strecke von 23 Kilometern elf Skulpturen renommierter Künstler.

32

Spaziergang durch den Ortskern
Ab St. Vitus-Schützenstraße 2
57392 Schmallenberg-Bödefeld

Verkehrsverein Bödefeld
02977 355
www.ferienregion-boedefeld.de

FLAMMENSTURM UND BOMBENHAGEL

Spaziergang durch den Ortskern

Bei meinem ersten Besuch wusste ich nichts mit dem Charme Bödefelds anzufangen. Schieben wir es auf mein Alter – ich war sieben Jahre – und würdigen den Ort eines näheren Blickes. Bödefeld ist ein Ortsteil Schmallenbergs, hat rund 1.200 Einwohner, nur wenige Geschäfte und keine Industriebetriebe. Das sind die harten Fakten. Aber es gibt auch das Bödefeld, das im Sauerland als Fachwerk- und Schiefer-Schatzkästchen bekannt ist, das mit einem Wildgehege, einem Hallenbad mit Sauna und Dampfbad, Langlaufloipen und Abfahrtspisten in der direkten Umgebung ein beliebter Anlaufpunkt für Touristen ist. Wenn man durch die lauschigen Gassen streift, hat man das Gefühl, die Zeit sei stehengeblieben – als habe Bödefeld seit seiner ersten urkundlichen Nennung im Jahre 1072 immer genauso ausgesehen wie heute.

Weit gefehlt, wie ein Blick auf die Stadthistorie deutlich macht. Im April 1945 liegt das Nazi-Regime in den letzten Zügen. Bödefeld ist von den Truppen der Alliierten eingekesselt, die Artillerie nimmt den Ort unter Beschuss. Dann kommt am 7. April der Bombenhagel. Die US-Luftwaffe will die Nationalsozialisten endlich in die Knie zwingen, ihrer Schreckensherrschaft ein Ende bereiten. Bödefeld brennt, mehr als zwei Dutzend Häuser, die Kirche und der Kirchturm gehen in Flammen auf, sieben Zivilisten und viele Soldaten sterben. Die Menschen flüchten, verbringen die Nacht unter freiem Himmel, den Feind im Nacken. Dann ziehen dichte Schwaden auf, mit denen die US-Truppen den Ort einnebeln, um ihre Panzer sozusagen mit Sichtschutz hineinzubringen. Nun schießen beide Seiten und geben dem, was Bödefeld einmal war, den Rest.

Heute ist von diesen dunklen Tagen nichts mehr zu sehen. Die Häuser sind wieder aufgebaut und gepflegt, die Atmosphäre ruhig und friedlich. Aber vergessen ist die dunkle Vergangenheit nicht – und wird es hoffentlich niemals sein.

Nur wenige Kilometer südlich des Ortes findet sich das Skigebiet Bödefeld-Hunau mit mehreren Liften und der längsten Piste im Sauerland.

33

Kunstschmiede Schütte
Schwarze Fabrik
Lennestraße 8
57392 Schmallenberg-Oberkirchen
02975 8905
www.kunstschmiede-schuette.de

WO FROSCHKÖNIG ZU HAUSE IST

Kunstschmiede Schütte

Er ist das Erste, was ich sehe. Er reicht mir nur bis zum Knie, aber er grinst keck, hat schöne Augen und entstammt offensichtlich dem Adel, denn er trägt ein Krönchen. Von wem ich rede? Vom Froschkönig, natürlich. Gut, er ist nur aus Metall, aber er hat sich sofort einen Platz in meinem Herzen gesichert. »Geschaffen« hat ihn Thomas Schütte, der Herr der Schwarzen Fabrik. So heißt die Kunstschmiede in Schmallenberg-Oberkirchen, die seit dem Jahr 1996 in Schüttes Hand ist. Und gedeiht, wie seine zahlreichen Arbeiten zeigen, die im Ausstellungspark rund um die Schmiede, im Verkaufspavillon und im angeschlossenen Café stehen. Thomas Schütte hat sie alle hergestellt: den Hirsch, das Pferd, den Affen. Ich frage mich, ob ich eines der in *Brehms Tierleben* genannten Lebewesen nicht aufspüren kann. Wahrscheinlich sind sie alle versammelt, in Bronze oder in Kupfer, lebensecht und wunderschön. Das sind auch die anderen Figuren. Wie das lesende Mädchen auf der Bank. Hier stimmt jedes Detail, selbst der Titel auf dem Buchdeckel ist zu entziffern: *Fairy Tales* liest die Schöne. Neben ihr plätschern Brunnen, die ineinander verwobene Blütenkelche sind.

Ich komme aus dem Staunen nicht mehr heraus. Und frage Thomas Schütte, ob es hier schon immer ausgesehen hat wie im Märchenwunderland. »Nein«, sagt er und plaudert über die Historie. Schwarz sei es hier gewesen, daher der Name. Früher wurde Holzkohle hergestellt und verarbeitet. Otto Schütte baute die Firma auf, ließ Holzkohle in den Wäldern köhlern und verarbeitete sie weiter. Zu Spitzenzeiten arbeiteten 100 Angestellte in seinem Betrieb.

Von diesem schmutzigen Geschäft lässt sich nichts mehr erahnen. Von dem neuen hingegen zeugen viele Häuser und Gärten in Schmallenberg. Der aufmerksame Besucher wird es sehen: Thomas Schütte hat sich mit seinen Werken an vielen Orten verewigt.

Am ersten Adventswochenende findet traditionell rund um die Kunstschmiede Schwarze Fabrik ein großer Weihnachtsmarkt statt – leider nur in geraden Jahren.

84

Eishäuschen – Joachim Knorra
Feldbergweg 22
59969 Hallenberg
02984 2415
www.eishaeuschen-hallenberg.de

FILIGRANES MIT DER MOTORSÄGE

Eishäuschen

Adler, Bär und Auerhahn. Nur drei Tiere, die Joachim Knorra schon geschaffen hat. Wenn der gelernte Bäcker und Koch zu Motorsäge und Bunsenbrenner greift, wird er zum Schöpfer, zaubert aus Eisblöcken filigrane Kunstwerke, die er seit September 2010 im kleinsten und »coolsten« Museum in Nordrhein-Westfalen zeigt, dem Eishäuschen in Hallenberg. Der Besucher findet das Museum am Ortseingang, nahe der Wallfahrtskirche – wenn er die Augen aufmacht und schnell genug ist, schafft er es, schon im ersten Anlauf das kleine Häuschen zu erspähen und haltzumachen.

In Sachen Eis hat das Eishäuschen eine lange Tradition, lange wurden hier die kalten Blöcke gelagert, die im Winter aus den Bächen der Umgebung gewonnen wurden und im Sommer – sozusagen als Vorläufer von Kühlschrank und Gefriertruhe – Essen und Getränke kühlten. In den 1960er- Jahren hatten fast alle Haushalte keine Eisblöcke mehr nötig. Damit verlor auch das Eishäuschen seine Funktion und Daseinsberechtigung. Über die Jahre hin verfiel das Gebäude und wurde erst 2009 durch den unermüdlichen Einsatz ehrenamtlicher Helfer wieder restauriert. Ein Jahr später konnte dann Joachim Knorra einziehen. Seitdem erfreut er die Besucher mit wechselnden Ausstellungen seiner Werke und gewährt ihnen einen Einblick in seine Kunst.

Die rund 50 Kilo schweren Eisblöcke, mit denen Joachim Knorra hantiert, stellt er selbst her. Nur dann haben sie die nötige Qualität. Er habe viel Geduld aufwenden müssen, um es zu dem Können zu bringen, das heute für viele Aufträge und Anerkennung sorgt. Aber in den vergangenen 20 Jahren hat Joachim Knorra Routine bekommen, seine Schwäne sind feingliedrig und alles andere als plump. Und auch die kleinen Schnapsgläschen aus Eis zeigen, dass hier ein Mann mit schwerem Gerät feinste Kostbarkeiten im Miniformat fertigt.

Auf den Weihnachtsmärkten der Region stellt Joachim Knorra sein Talent und sein Können in Sachen Eiskunst regelmäßig bei Schauschnitzaktionen unter Beweis.

85

Freilichtbühne Hallenberg
Freilichtbühnenweg 14
59969 Hallenberg
02984 929190
www.freilichtbuehne-hallenberg.de

PASSIONSGESCHICHTE AUF SAUERLÄNDISCH

Freilichtbühne Hallenberg

Im Jahr 1946 konnten die Hallenberger endlich die Bretter besteigen, die auch ihnen, oder zumindest den Laienschauspielern unter ihnen, die Welt bedeuteten. Mit Feuereifer hatten die Erbauer in freiwilliger und ehrenamtlicher Arbeit etwas erschaffen, was heute zu einer der größten und schönsten Freilichtbühnen Nordrhein-Westfalens gehört. 90 Meter breit und 15 Meter tief ist die Naturbühne auf dem Grund eines ehemaligen Steinbruchs. 1.400 Zuschauer können auf den überdachten Rängen Platz finden. Die Statistik zeigt, dass die Plätze seit dem Bau der Bühne tatsächlich oft voll besetzt gewesen sein müssen: 1,1 Millionen Zuschauer haben die Hallenberger Inszenierungen bis 2011 besucht.

Los ging es im Premierenjahr mit der Dramatisierung des Versepos *Dreizehnlinden* von Friedrich Wilhelm Weber, einem Stück, das wegen seiner christlichen Ausrichtung bereits einen kleinen Vorgeschmack auf das lieferte, was im Jahre 1950 kommen sollte. Inspiriert durch das von Papst Pius XII. ausgerufene Heilige Jahr hatten sich die Hallenberger Großes vorgenommen. Passionsspiele sollten her – und das, so das selbstgegebene Versprechen, in ewiger Wiederkehr von zehn Jahren. Ein Blick ins Archiv zeigt, wie vielgestaltig die Aufführungen waren, mit wie viel Herzblut und freiwilligem Arbeitseinsatz hier Laientheater gemacht wurde.

Und das nicht nur bei den Passionsspielen. Ob nun die leichte Muse mit Stücken wie *Piroschka* bedient, Friedrich Schiller mit *Wilhelm Tell* gefeiert oder auf große Musical-Stoffe wie *My Fair Lady* gesetzt wurde – Hallenberg war und ist Synonym für gute Unterhaltung.

Ein weiterer fester Bestandteil des Repertoires sollte seit 1971 das jährlich gezeigte Kinderstück werden. Neben Klassikern der Brüder Grimm kamen und kommen immer wieder Stoffe von Astrid Lindgren und Michael Ende zur Aufführung.

Die Jugendlichen der Hallenberger Schauspieltruppe führen mindestens alle zwei Jahre ein Winterstück auf, um sich und den Fans die Spielpause zu verkürzen.

86

Spaziergang durch die Fachwerkaltstadt
Ab Marktplatz
59929 Brilon

Briloner Wirtschaft und Tourismus
Derkere Straße 10a
59929 Brilon
02961 96990
www.brilon.de

ST. PETRUS AUF DEM SCHNADEGANG

Spaziergang durch die Fachwerkaltstadt

Der Turm der Propsteikirche St. Petrus und Andreas grüßt mich schon von Ferne, lange bevor ich Brilon erreiche – so gehört es sich wohl auch für das Wahrzeichen einer Stadt. Als ich endlich vor der Hallenkirche stehe, den Kopf in den Nacken gelegt, erschlägt mich der Anblick. Baute man die Gotteshäuser so groß und erhaben, damit sich der gemeine Gläubige klein und unwürdig fühlt? Diesen Gedanken trage ich mit mir in die Kirche und betrachte das Pankratius-Kreuz, den wohl bedeutendsten Kunstschatz der Propsteikirche. Offenbar brauchen Kirchen Prunk – und bei näherer Betrachtung finde ich die Malereien aus dem 14. Jahrhundert gelungen, die die Kirche zum Glück immer noch zieren.

Ich erklimme schließlich den Turm und genieße dann den Ausblick auf die Stadt. Und mache im Geiste bereits eine lange Liste der Orte, die ich besuchen möchte.

Das Rathaus, das muss sein. Und nah ist es auch noch, in direkter Nähe der Kirche auf dem Marktplatz. Entstanden ist das Gebäude um 1250 und gehört zu den ältesten Rathäusern Deutschlands. Früher, in Zeiten der Hanse, boten hier einheimische Handwerker und auch fremde Händler ihre Waren an. Um 1755 erhielt das Rathaus durch einen Umbau seine stilvolle Barockfassade. Dreimal am Tag erklingt das Glockenspiel des Rathauses und zeigt Szenen des Briloner Schnadezuges – einem seit 1388 belegten Schnadegang, einer Grenzbegehung rund um Stadt, wie es viele im Sauerland gibt. In fünf Teilen werden die historischen Stadtgrenzen abgegangen.

Rund um das Rathaus gruppieren sich viele Fachwerkhäuser, die für mich den Charme Brilons ausmachen. Und auch am Marktplatz finde ich viele Häuser in Schwarz und Weiß – und den Petrusbrunnen. Er ist der Ausgangspunkt der Schnade und für die Briloner der Treffpunkt bei Volksfesten.

An der Bahnhofstraße 13 steht das Geburtshaus Eduard Papes. Der Briloner Jurist war der Mitverfasser des Bürgerlichen Gesetzbuches.

37

Museum Haus Hövener
Am Markt 14
59929 Brilon
02961 9639901
www.haus-hoevener.de

EIN DINO IM PALAIS

Museum Haus Hövener

Ein Museum, das selbst ein Exponat ist. Das gibt es nicht überall. Aber in Brilon. Das 1803 erbaute klassizistische Gebäude am Marktplatz heißt nach seinen Besitzern Haus Hövener. Die Höveners waren eine der bedeutendsten Briloner Unternehmerfamilien. Ihr Geld verdienten sie mit Bergbau und Eisenverhüttung. Ihre letzte Nachfahrin, Wilhelmine Hövener, stiftete das Haus. Sie hatte bis zu ihrem Tod im Jahre 1999 nichts am Haus und am Inventar verändert. Offenbar war die gute Wilhelmine mit wenig zufrieden, griff lieber, als dass sie Neues anschaffte, auf die Stücke zurück, die schon ihre Vorfahren benutzt hatten. Vieles davon kann der Besucher bestaunen.

Daneben gibt es aber noch vieles mehr zu sehen. Im Keller des Hauses zum Beispiel. Sinnigerweise wartet hier Interessantes und Lehrreiches zur Erdgeschichte auf den Besucher – und Dinosaurier. Ja, die großen Vierbeiner gab es in Brilon. Zumindest einen, in Brilon-Nedhen. Und der – oder besser: sein Skelett – wohnt nun im Haus Hövener. Wer sich nicht für Dinos, aber für Stadtgeschichte interessiert, kann sich nur schwer vom Stadtmodell im Erdgeschoss losreißen. Interaktiv ist der alte Stadtkern unter Glas – Geschichten von Häusern und ihren Bewohnern werden nach Wunsch erzählt. Die Miniaturansicht mit dem heutigen erhaltenen Original in Lebensgröße zu vergleichen, macht viel Spaß. Das Obergeschoss steht ganz im Zeichen der Familie Kannegießer-Unkraut-Hövener. Bilder, Möbel und andere Gegenstände legen Zeugnis ab über das Leben einer Familie von Bergbauunternehmern. Stimmig ergänzt wird die Sammlung durch eine Ausstellung zum Bergbau- und Hüttenwesen. Unterm Dach warten die Glockensammlung und Informatives zum Thema Historische Waldnutzung. Zum Abschluss des Museumsbesuchs sollte man den Hochgarten genießen – und den herrlichen Blick auf die Innenstadt.

Eindrucksvoll ist der Lebenslauf Wilhelmine Höveners. Sie studierte Mathematik und Physik und war die erste Studienrätin am Briloner Gymnasium Petrinum.

38

Rothaarsteig
Startpunkt: Rathaus
Am Markt
59929 Brilon

Informationen:
Rothaarsteigverein
Johannes-Hummel-Weg 2
57392 Schmallenberg
www.rothaarsteig.de

WANDERN OHNE GRENZEN

Rothaarsteig ab Brilon

Diesen Weg auf den Höh'n bin ich oft gegangen – aber nicht in Thüringen. Wir sind im Sauerland und wandern auf dem Rothaarsteig. An einem Tag kann die rund 155 Kilometer lange Strecke, die satte 3.139 Höhenmeter überwindet, keiner bewältigen. Aber wen stört das schon? Entweder man nimmt sich Stück für Stück Teilabschnitte vor oder aber man macht einen Wanderurlaub – in mindestens sechs Tagen hat man auch als durchschnittlich geübter Wanderer den Rothaarsteig geschafft. Dann hat man das Sauerland schon hinter sich gelassen und ist bereits im hessischen Dillenburg am Fuße des Westerwaldes angelangt. Der Startpunkt des großen Weges liegt im sauerländischen Brilon.

Der Rothaarsteig führt den Beinamen *Weg der Sinne* – zu Recht, wie ich finde. Ich erlebe Natur in reinster Form, Wasser, sanft geschwungene Hügel und Täler, steilere Anstiege, freie Ausblicke und Wälder. Das Konzept des Rothaarsteiges ist modern und überzeugend: Der Wanderer kann sich über wunderbare Ausblicke freuen, die Wege bieten viel Abwechslung, das Wegenetz ist bestens ausgebaut und hervorragend ausgeschildert und markiert. Kein Wunder, dass schon heute der Rothaarsteig Vorbild für neue Wanderwege ist – und so ein Aushängeschild.

Was macht den Rothaarsteig nun so besonders? Vielleicht die vielen Sehenswürdigkeiten, die man links und rechts der Strecke bestaunen und genießen kann. Die imposanten und majestätischen Bruchhauser Steine, der meistens im Nebel liegende Kahle Asten, der Langenberg, der Rhein-Weser-Turm und nicht zu vergessen die Quellen der Ruhr, Eder, Lahn und Sieg. Kunstfreunde wissen die Rothaarsteig-Etappe zwischen Schmallenberg und Bad Berleburg zu schätzen, weil sie hier zusätzlich zu den landschaftlichen Schönheiten auch noch die Kunstwerke des Waldskulpturenpfades bestaunen können.

In Elleringhausen steht die Feuereiche am Rothaarsteig, ein kunstvoll verzierter Baum, der im Dunkeln mit künstlichen Flammen beleuchtet wird.

39

Bruchhauser Steine – Informationscenter
Zufahrt zum Bodendenkmal Bruchhauser Steine
59939 Olsberg-Bruchhausen
02962 97670
www.bruchhauser-steine.de

DAS STEINERNE HERZ DES SAUERLANDES

Bruchhauser Steine

Da liegen sie in der Sommersonne, die glorreichen Vier, und schauen mit majestätischer Ruhe hinab und über die Ebene. Der Aufstieg war schweißtreibend, aber ich habe das alles ertragen, gar nicht wirklich bemerkt, denn die Erwartung, die Vorfreude – sie waren einfach stärker. Und nun sind sie zum Greifen nahe: Born-, Feld-, Raven- und Goldstein. Die vier bilden die Bruchhauser Steine, riesige Porphyrfelsen, die auf der Höhe und dem Nordwesthang des Istenberges liegen und in längst vergangenen, dunklen Zeiten eine Bastion, ein Befestigungsbollwerk bildeten. »Das großartigste Denkmal der Vorzeit in Westfalen« ist Naturwunder und Kulturdenkmal zugleich. Der Legende zufolge sind Gott die Steine in die Schuhe geraten und er schüttete sie hier aus, auf dem Istenberg.

Heute sind die Bruchhauser Steine vor allem eines: ein Touristenmagnet. Wie ich pilgern im Jahr viele Tausende Richtung Olsberg, um dann den langen Fußmarsch und steilen Aufstieg hinter sich zu bringen. Worin liegt die Faszination der Felsen hoch über dem Sauerland? Sind es denn nicht nur vier große Steinbrocken, die auf einem Höhenkamm liegen? Wer einmal hier gestanden hat, den Blick über das Land hat schweifen lassen – an guten Tagen sieht man den Teutoburger Wald –, der weiß um die Erhabenheit, um die atemberaubende Größe, neben der sich der Mensch plötzlich klein und unwichtig fühlt. Und noch etwas erlebe ich bei jedem Besuch aufs Neue: Verbundenheit – mit dieser Landschaft, mit dem Sauerland, den Menschen und der bewegten Geschichte dieser Region. Hier kommen wir her, denke ich. Plötzlich weiß ich, was Heimat ist: ein Gefühl, das sich mit Worten nicht fassen lässt, das einen wärmt und das ein bisschen wie Nach-Hause-Kommen ist.

Immer größerer Beliebtheit erfreuen sich die Mondscheinwanderungen, bei denen der Weg hoch zu den Bruchhauser Steinen im Fackelschein zurückgelegt wird.

40

Auch die schön verzierten Türen Assinghausens locken Besucher an

Rundgang durch das Dorf
Ab Buskers Haus
Grimmestraße
59939 Olsberg-Assinghausen

Olsberg-Touristik
Ruhrstraße 32
59939 Olsberg
02962 97370
www.olsberg.de

EINE BLÜHENDE LEIDENSCHAFT

Rundgang durch das Dorf

Der kleine Ort Assinghausen hat knapp 800 Einwohner, denen offenbar eines gemeinsam ist: Sie lieben Rosen. Und das zeigen sie auch. Alles nahm seinen Anfang im Jahr 1998. Neun Jahre zuvor hatte sich der Ortsteil Olsbergs erfolgreich um die Auszeichnung Bundesgolddorf beworben. Schön war Assinghausen also schon vor dem Tag, als die Rose ins Dorf kam. Aus welchem Grund die Assinghausener plötzlich von der Leidenschaft für die Königin der Blumen gepackt wurden – überliefert ist nichts, das darüber Aufschluss geben könnte. Aber wen stört das noch beim Anblick der Pracht, die sich dem Besucher bietet. Die Rose und das Sauerland – Assinghausen zeigt, dass diese Kombination preiswürdig ist. Seit 2007 darf sich der Ort Rosendorf nennen. Bewundern kann man das Blütenmeer, wenn man einen oder alle der vier Spaziergänge abwandert, die die großen und kleinen Gärten in Assinghausen miteinander verbinden.

Und auch für den, der kein Auge für die 140 Rosensorten hat, lohnt sich ein Besuch. Assinghausen ist der Geburtsort von Friedrich Wilhelm Grimme, dem Dichter des Sauerlandes schlechthin. Hinter der Pfarrkirche St. Katharina steht sein Geburtshaus. Hier wurde der Schriftsteller am 25. Dezember 1827 als siebter Sohn eines Dorfschullehrers und einer Bauerntochter geboren. Vor dem Haus sitzt Grimme noch heute – in Bronze gegossen und so für immer im Dorf präsent. Damit nicht genug: In der Ortsmitte wird der Blick auf das Grimme-Denkmal gelenkt, das 1907, 20 Jahre nach dem Tod des Dichters, eingeweiht wurde.

Hinter dem Denkmal findet sich der historische Ortskern mit vielen prächtig erhaltenen Fachwerkbauten, von denen einige unter Denkmalschutz stehen. Diese zeigen: Die Assinghausener hegen und pflegen nicht nur ihre Rosen, sondern ihr gesamtes Dorf.

Das älteste Bauernhaus, das Buskers Haus, ist 320 Jahre alt und liegt etwas erhöht auf dem letzten Felsausläufer des Assinghauser Kirchhügels.

41

Spaziergang durch Geve-linghausen
Ab Heimatmuseum »Alte Mühle«
Am Schloss
59939 Olsberg-Geveling-hausen

Informationen:
Heimat- und Verkehrs-verein Gevelinghausen
www.alumotor.de/heimat/ort.html

Freizeitpark »Fort Fun«
Aurorastrasse 50
59909 Bestwig
02905 81123
www.fortfun.de

Von Bischöfen und Rennstrecken

Spaziergang durch die Gässchen

Als ich merke, dass ich mein Ziel erreicht habe, liegt es auch schon wieder hinter mir. Das geht mir eigentlich immer so, wenn ich nach Gevelinghausen komme – denn der Ort ist klein. Rund 600 Einwohner brauchen nicht viel Platz. Aber wer denkt, dass Gevelinghausen aufgrund seiner Größe nicht erwähnenswert ist, der liegt falsch. Allein die Liste der Gäste, die den Weg in den Ortsteil Olsbergs zwischen Elp- und Ruhrtal gefunden haben, spricht für sich: Von 1933 bis 1945 besuchte Clemens August Graf von Galen, zur damaligen Zeit Bischof von Münster, wiederholt seine Schwester, Agnes Freifrau von Wendt-Papenhausen, und hielt bei diesen Gelegenheiten die Frühmesse in der kleinen Schlosskapelle. Wie stolz die Gevelinghausener auf diesen Besuch sind, zeigt die Inschrift auf einer an der Kapelle angebrachten Steinplatte – machte sich Graf von Galen doch als aufrechter und mutiger Streiter gegen das Hitler-Regime einen Namen. Die bekanntesten Gäste, die die Gevelinghausener außerdem begrüßen durften, waren Helmut Schmidt mit seiner Frau Loki und – mehr als ein Jahrhundert vor ihnen – die deutsche Schriftstellerin Annette von Droste-Hülshoff.

Wenn ich durch die kleinen Gassen laufe, Schloss Gevelinghausen und die dazugehörige Schlosskapelle betrachte, dem Heimatmuseum *Alte Mühle* einen Besuch abstatte, dann bin ich nur zu froh, dass die Pläne von Karl-Josef Freiherr von Wendt gescheitert sind. Seinen Traum vom Sauerland-Ring, einer großen Motorsportrennstrecke, musste er im Jahre 1971 nach dem eindeutigen Veto der Politik begraben. Nicht auszudenken, wenn die wunderbare Landschaft von einem asphaltierten Raserparadies verschandelt worden wäre. Der Atmosphäre Gevelinghausens wäre es bestimmt abträglich gewesen – und das Leben im Ort hätte eine unschöne Beschleunigung erfahren.

Der nur vier Kilometer entfernte Freizeitpark *Fort Fun* mit seiner 732 Meter langen Rutschbahn wurde von Karl-Josef Freiherr von Wendt erdacht und in die Tat umgesetzt.

42

Curioseum
Düdinghäuser Straße 1
34508 Willingen-Usseln
05632 6232
www.curioseum-willingen.de

Berggasthof Zum Wilddieb
Am Ettelsberg 1
34508 Willingen
05632 6232
www.zumwilddieb.de

BEWUNDERNSWERTER SAMMLERWAHNSINN

Curioseum

Vor Hans Schlömer ist nichts sicher. Keine Streichholzschachtel, kein Transistorradio, kein Rodelschlitten, kein U-Boot. Er will alles haben: Bilder von Helmut Schmidt, Schreibmaschinen, Hexenfiguren, alte Autos aus der Schrottpresse und Darth Vader. Helmut Schlömer ist passionierter Sammler – und zeigt gerne, was er hat. Dafür sind die Menschen ihm dankbar und kommen in Scharen nach Willingen-Usseln in sein Curioseum.

Das hat Hans Schlömer in einem alten, von ihm selbst in schweißtreibender Arbeit renovierten und umgebauten Bauernhof auf 1.500 Quadratmetern und über zwei Etagen geschaffen. Und vollgestopft, damit die Augen der Besucher schuften müssen, um all der Eindrücke Herr zu werden – oder es zumindest versuchen. Denn zu schaffen ist das eigentlich nicht. Zu umfangreich und vor allem zu vielgestaltig ist die Sammlung. Aber das tut dem Spaß keinen Abbruch. Überall, hinter jeder Biegung, jeder Wand lauert eine Überraschung, wartet ein Augenschmaus. Da ragen aus einem Trichter einer Maschine die Beine einer Schaufensterpuppe. Albert Einstein lungert, ziemlich derangiert, neben einer alten Nähmaschine herum. Micky Maus teilt sich mit einem flotten Skelett ein Gefährt. Hochrad, Rennwagen und Bobbycar stehen hier friedlich Seite an Seite. Garniert ist alles mit Landkarten, Fischernetzen, Küchenwaagen, Puppenköpfen, Skiern und anderen Kleinigkeiten.

Hans Schlömer hat seinen Traum vom eigenen Sammlermuseum wahrgemacht und damit seiner Lebensmaxime Rechnung getragen: »Ein Leben ohne Träume ist einfach nur scheiße«. Für ihn hat jedes der Ausstellungsstücke eine Geschichte, die er den Besuchern bei Führungen nur zu gern erzählt. Doch der Museumsbesitzer ist sich sicher: Wenn der Besucher nur lange genug vor einem Exponat steht und genau hinschaut, dann kann er auch selbst die Geschichte erkennen.

Wenn Hans Schlömer nicht in seinem Curioseum anzutreffen ist, findet man ihn in seinem Willinger Hotel Wilddieb, das er seit vielen Jahren betreibt.

48

Diesen Turm finden Sie – sofern nicht gerade Nebel die Sicht versperrt – oben auf dem **Kahlen Asten**
Astenturm 1
59955 Winterberg
02981 928748111
www.winterberg.de

WETTERMACHER IM SONNENLOCH

Kahler Asten

Ich kenne niemanden, der nicht durch den Nebel zum Kahlen Asten kam. Bei meinem ersten Besuch mit meinen Eltern wollte ich zuerst gar nicht glauben, dass wir am Ausflugsziel angekommen waren und weigerte mich strikt, aus dem Auto zu steigen. Ich dachte, ich sei in einem Topf mit Milchsuppe gelandet. Den Hinweis meiner Mutter »Da ist ein Turm!« belächelte ich kühl. Kühl ist übrigens das nächste wichtige Stichwort, das mir zum Kahlen Asten einfällt. Denn hier ist es eigentlich immer kalt. Verbrieftermaßen scheint hier nur selten die Sonne. Aber das stört den Deutschen Wetterdienst nicht im Geringsten. Denn: Wetter ist immer. Auch bei diesem Besuch. Und dennoch ist alles anders.

Die Sonne scheint, die Sicht ist klar und mit 28 Grad haben wir eine Temperatur, die man nun wirklich nicht im Bereich »fröstelig kühl« einordnen kann. Viele Besucher sind an diesem Tag gekommen, um sich von einem weiteren Irrtum zu kurieren. Der Kahle Asten ist nämlich nicht der höchste Berg des Rothaargebirges – auch wenn wir Sauerländer ihn aufgrund seines Bekanntheitsgrades gern der Einfachheit halber dazu erklären. Der höchste Berg ist der Langenberg mit 842 Metern – der Kahle Asten bringt es »nur« auf 841 Meter. Für einen Moment stelle ich mir eifrige Sauerländer vor, die tatsächlich mit Zollstock und Zentimetermaß unterwegs sind, um die beiden Achthunderter zu vermessen. Ein Meter mehr oder weniger: Der Kahle Asten ist »der« Berg des Sauerlandes.

Ich steige auf den Astenturm und kann dank des herrlichen Wetters endlich einmal die Fernsicht genießen. Bis zum Feldberg in Hessen und der Wasserkuppe kann der Blick schweifen. Aber auch zu Fuß kann man einiges erkunden. Viele Wanderwege beginnen am Kahlen Asten. Auf dem Heidelehrpfad kann der Wanderer an zahlreichen Stationen Interessantes über die Region und über deren Geschichte erfahren.

Nur 300 Meter vom Gipfel des Kahlen Asten entfernt entspringt die Lenne. Wanderer, die die Hochheide erkunden, sollten einen Abstecher zur Quelle machen.

44

Westdeutsches Wintersport Museum
Neuastenberger Straße 17
59955 Winterberg-Neuastenberg
02981 2636
www.skimuseum-winterberg.de

Wintersport im Sauerland

Wintersport Museum

Vielleicht ist der Besucher enttäuscht: »Ich finde gar kein Museum. Da steht Café und Restaurant.« Die sind längst Geschichte – aber das Museum gibt es immer noch. Stolz ist Gründungsmitglied Bärbel Michels noch heute auf die Initiative, die 1998 in der Eröffnung des Deutschen Wintersport Museums gipfelte. Bärbel Michels stand schon vorher mit dem Wintersport auf Du und Du. Sie schrieb das Buch *Wintersport im Sauerland in früherer Zeit.* Auf 344 Seiten hat sie die Geschichte erzählt, die – nicht mit Worten, aber mit Exponaten – auch im Wintersport-Museum dargestellt wird. Der Startschuss fiel, so zeigt ein Foto, mit Oberförster Hagemann. Um die Jahrhundertwende stieg er auf die Bretter – und war so der erste Sauerländer auf Skiern. Die Begeisterung griff um sich, was ein Gästebuch aus den Anfangsjahren des Skitourismus beweist.

Aber nicht nur die Gäste tummelten sich im Schnee. Auch die Einheimischen verfielen dem Fieber. »Der konnte gar nicht mehr ohne«, lächelt Bärbel Michels und zeigt auf das Tagebuch eines Jungen, der dokumentiert hatte, wann, wo und wie oft er Skilaufen ging. Auch über Schnee- und Wetterverhältnisse führte der Junge Buch. »Ein wichtiges Dokument der Zeitgeschichte«, wie Bärbel Michels betont. Das gilt für alle Exponate im Deutschen Wintersport Museum: die Skibiegemaschine aus dem Jahre 1952, die in einer nachgebauten Stellmacherwerkstatt steht, das mit viel Liebe dekorierte Fremdenzimmer anno 1907 mit Nachttopf unter dem Bett, Kupferwärmflasche zwischen den Decken und Eisblumen am Fenster oder die Lenkschlitten und Schlittschuhe aus verschiedenen Epochen. Ein Besuch lohnt sich – auch wegen Kostbarkeiten wie dem Skiliederbuch *Froher Sang nach flotter Fahrt sei und bleibe Skimanns Art* und der Karikatur von E. Schlotter, die die Kleidungssünden der ersten Skitouristen aufs Korn nimmt.

Mittwochs werden im Museum Holzlöffel geschnitzt. Bis zum Einsetzen des Wintertourismus verdienten sich die Menschen damit einen Teil des Lebensunterhalts.

45

Sauerländer Besucherbergwerk Ramsbeck
Glück-Auf-Straße 3
59909 Bestwig-Ramsbeck
02905 250
www.sauerlaender-besucherbergwerk.de

SCHWACHER GLANZ AUS FRÜHEREN ZEITEN

Sauerländer Besucherbergwerk

Was haben Menschen mit Maulwürfen gemeinsam? Sie graben – bei den einen ist es die natürliche Lebensform, bei den anderen oft mühselige Last und Broterwerb. Also finde ich es nur sinnig, dass im Eingangsbereich des Sauerländer Besucherbergwerks Ramsbeck in Bestwig ein Maulwurf in Arbeitshose und mit Grubenhelm den Gast begrüßt. Auf der Fahrt hinab ins Dunkel kann der Besucher nur eine vage Ahnung von den schweren Arbeitsbedingungen bekommen, die im Bergwerk herrschten. Mitte der 1850er-Jahre arbeiteten mehr als 2.000 Beschäftigte im Ramsbecker Bergwerk. Trotz eines famosen Nettogewinns, den das Werk im Jahr 1854 erwirtschaftete, begann kurz nach dem Erfolgsjahr der langsame Niedergang. Die Lagerstätte erwies sich als nicht so reich wie angenommen, was den Besitzer, den Marquis de Sassenay, zur Flucht bewegte und dem Ramsbecker Werk einen Schuldenberg in Höhe von 3,5 Millionen Talern bescherte. 1856 hatte sich die Belegschaft auf 925 Arbeiter reduziert, die Not und Entbehrungen litten.

Erholen sollte sich Ramsbeck von diesem Schock nie mehr wirklich. Anfang der 1970er-Jahre lag Ramsbeck zwar an der Spitze der deutschen Metallerzgruben, wenn es um die geförderte Menge Erz pro Mann und Schicht ging. Aber der Abbau lohnte sich nicht mehr, da im Erz nicht genug Metall steckte, als dass die Förderung noch wirtschaftlich gewesen wäre. Am 31. Januar 1974 endete die lange Geschichte der Erzförderung in Ramsbeck, von der manche Wissenschaftler meinen, sie habe bereits in der Bronzezeit begonnen.

Einen schwachen Abglanz der alten Zeiten kann der Besucher erhaschen, wenn er 300 Meter in die Tiefe der Erde fährt oder die Lohnhalle besucht. Informationen rund um den Erzabbau und die Geschichte des Bergwerks erhält er natürlich auch – sowohl bei der Führung als auch durch zahlreiche Schau- und Infotafeln.

Wer die Grube in Ramsbeck einmal anders erleben möchte, sollte an einem Gruben-Light-Dinner teilnehmen, das auf Schieferplatten serviert wird.

DER MÄRKISCHE KREIS

Lüdenscheider Bahnhof und Phänomentaturm

REGIO DB

46

Märkische Museums-Eisenbahn
Bahnhof Hüinghausen
Elsetalstraße 46
58849 Herscheid-Hüinghausen
02357 4637
www.sauerlaender-kleinbahn.de

DAMPFENDES RELIKT

Märkische Museums-Eisenbahn

High Noon in Hüinghausen. Ich würde mich nicht wundern, wenn Gary Cooper gleich mit gezogenem Colt vorbeikommen würde. Statt rachedurstigen Gangstern, mit denen er sich beschäftigen muss, hüpfen aus dem Zug jauchzende Kinder mit ihren – Vätern. Mütter sieht man nur wenige. Die Sauerländer Kleinbahn ist eben Männer- oder auch Vätersache. Lange haben die Mitglieder des Vereins Märkische Museums-Eisenbahn dafür gekämpft und gespart, dass auf der Strecke Herscheid–Plettenberg ihre Dampflok Bieberlies wieder fauchend die ebenfalls historischen Personenwagen ziehen kann.

Wir schreiben den 7. Oktober 2012. Herrliches Spätsommerwetter hat die Besucher in Scharen in die Museumsbahn und an den Bahnhof gelockt, der irgendwie an die Provisorien erinnert, wie sie einst den Wilden Westen Amerikas prägten. Lokführer und Schaffner sehen aus, als seien sie einem Historienschinken entsprungen. Auf der Veranda des Bahnhofs lassen sich die Gäste Kaffee und Kuchen schmecken. Schöner kann die Feier des Jubiläumsjahres der Kleinbahn nicht sein. Gleich drei Jubiläen werden gefeiert: 30 Jahre Märkische Museums-Eisenbahn, 50 Jahre letzte Fahrt der Plettenberger Kleinbahn und 125 Jahre Kreis Altenaer Eisenbahn.

Die wenigen Kilometer zwischen Herscheid und Plettenberg sind der letzte Rest des einstmals großen Streckennetzes, das lange vor der Autobahn 45 die märkische Region und ihre Wirtschaftsbetriebe mit den Absatzmärkten außerhalb des Kreises verband. Heute wurden statt Gütern Menschen auf den Schienen befördert. Und die hatten, genau wie ich, mächtig Spaß bei der Fahrt mit der Eisenbahn. Und einige Versprengte nutzten die Gelegenheit, nach dem Dampftag zu beobachten, wie eine Dampflok in einem kleinen Bahnbetriebswerk zuerst gereinigt und anschließend fertig für das Schlafdepot gemacht wurde.

Sehenswert sind die historischen Wagen, die der Verein gesammelt hat. Für eine umfassende Restaurierung fehlt dem Verein leider noch das Geld.

47

Ahe-Hammer
Schwarze Ahe 19
58849 Herscheid

Informationen:
Stiftung Industriedenkmalpflege und Geschichtskultur
Emscherallee 11
44369 Dortmund
0231 93112233
www.industriedenkmal-stiftung.de

REIDEMEISTER UND HAMMERSCHMIEDE

Industriedenkmal *Ahe-Hammer*

Eisen – was sonst bestimmt unsere Region so sehr wie dieses Material? Ich bin in Herscheid, im Tal der Schwarzen Ahe, einem Nebenfluss der Verse. In früheren Zeiten, als noch Wasser eine zentrale Rolle beim Antrieb von Maschinen spielte, standen die Hütten an den Flüssen. Überall im Märkischen Kreis war das so – in regelmäßigen Abständen, damit nicht ein Fabrikant dem anderen die Kraft des Wassers »stahl«. Hier in Herscheid wurde Osemundeisen hergestellt. Und rein theoretisch könnte man das auch noch heute, denn die Hammerschmiede *Ahe-Hammer* ist vollständig erhalten und betriebsfähig.

Gehen wir in der Zeit zurück zum Ursprung des Ahe-Hammers im 16. Jahrhundert. Die Unternehmerfamilie Brüninghaus verhüttet Erz aus der Umgebung und baut die Hammerschmiede im Tal zur weiteren Veredlung. Im Jahr 1733 werden in einem amtlichen Verzeichnis drei Reidemeister als Besitzer der Osemundhämmer im Tal genannt: Peter Wilhelm Wigginhaus, Caspar Rentrop und Peter Wilhelm Brüninghaus.

Der Ahe-Hammer, so wie wir ihn heute bestaunen können, wird im Jahr 1884 gebaut. Bis 1941 bringen in ihm Männer das Roheisen in den Herdfeuern auf die notwendige Temperatur und bearbeiten mit den beiden Schwanzhämmern das Eisen weiter. Angetrieben werden die Hämmer vom Ahewasser, das in einem Hammerteich gespeichert wird und auf zwei oberschlächtige Wasserräder fällt. Die können die Besucher bis heute in Betrieb erleben. Mit ihren rund drei Metern Durchmesser treiben sie den etwa sieben Meter langen und einen Meter dicken Eichenstamm an, das Getriebe der Hammerachse. Die Hämmer in der Schmiede wiegen 90 und 160 Kilo. Filigran ist hier nichts. Mit welcher Wucht der Hammer wohl auf das Werkstück geschlagen haben mag? Und wie laut das gewesen sein muss. Unvorstellbar!

Führungen vermittelt die Stiftung Industriedenkmalpflege und Geschichtskultur.

48

Robert-Kolb-Turm
Nordhelle 1
58849 Herscheid-Nordhelle
02357 3876
www.sgv.de

EIN DENKMAL FÜR DEN TURMHASSER

Robert-Kolb-Turm

Robert Kolb war Westfale, Ingenieur und vor allem passionierter Wanderer – und Mitglied im Sauerländischen Gebirgsverein (SGV). Sein ganz besonderes Verdienst: Als Hauptwegewart des Vereins zeichnete Kolb für das große Wanderwegenetz mit umfangreichen Markierungen verantwortlich. Noch heute zieren das Andreaskreuz und andere geometrische Formen in weißer Farbe die Bäume und weisen dem Wanderer den Weg. Kein Wunder also, dass diesem Mann ein Denkmal gesetzt werden sollte. Den Plan dazu fassten die SGVler, als Robert Kolb im Jahr 1909 starb. Zu dieser Zeit versuchten die Wanderkollegen auf der Nordhelle, die sich im Ebbegebirge zwischen Herscheid und Meinerzhagen 663 Meter emporreckt, einen Turm zu bauen. Mit diesem Ansinnen hatte seit Napoleons Versuch niemand wirklich Glück. Die Witterungsbedingungen machten allen Türmen schon nach wenigen Jahren den Garaus. Das sollte mit dem neuen Anlauf anders werden – so der Wunsch des SGV-Hauptverbandes. Der Schluss lag nahe, den Bau Robert-Kolb-Turm zu nennen und ihn dem Schöpfer des Wanderwegenetzes zu widmen.

Einziges Hemmnis: Kolb hatte Türme gehasst! Es sei eine Sucht, auf jedem dritten Hügel einen Turm zu bauen, soll er sich als Feind der Turmbauwut positioniert haben. Pfiffig waren die SGVler schon, denn anstelle eines hölzernen Aussichtsturms, der die Aversion ihres Kollegen Kolb geweckt hatte, planten sie kurzerhand einen Steinturm. Und schlugen damit auf lange Sicht auch Witterung und Verfall ein Schnippchen.

Am 21. September 1913 konnten die SGVler den 18 Meter hohen Turm einweihen. Und auch wenn in den Folgejahren der Zahn der Zeit, das Wetter und der Zweite Weltkrieg am Robert-Kolb-Turm nagten – zerstören konnten sie ihn nicht. Seine letzte Generalüberholung hat er in den Jahren 2010 und 2011 erfahren und erstrahlt seitdem in neuer Pracht.

Sollte die Nordhelle samt Turm nicht in dichte Nebelschwaden gehüllt sein, kann man eine herrliche Aussicht weit über das Ebbegebirge genießen.

49

Dieses Panorama gibt es extra und umsonst – wenn man aus dem Fenster schaut oder von der Terrasse des **Café-Restaurant Vedder**
Nieder-Holte 1
58849 Herscheid
02357 2458
www.restaurant-vedder.de

WIE ZU HAUSE BEI MUTTERN

Café-Restaurant Vedder

Die Holter Landjugend hat sich in den 1950er-Jahren hier getroffen – und offensichtlich köstlich amüsiert. Auch die Nachbarn Dore und Schappi kamen auf einen Kaffee vorbei. In den 1960ern traf sich der Stammtisch und schäkerte mit dem Wirtsehepaar Irma und Heinz. Woher ich das alles weiß? Ich habe die Speisekarte des Restaurants Vedder in Herscheid genau studiert – und die ist in ihrer liebevollen Aufmachung eben ein Hingucker. Denn neben den Gerichten und Menüs, die schon beim Lesen dafür sorgen, dass der Gast sich die Lippen leckt, finden sich viele Fotos auf den Seiten: von der Kartoffelernte, den Rindern und Schweinen, dem Biergarten und dem sich über die Jahrzehnte verändernden Gasthaus.

Schon im Eingangsbereich weiß ich: Hier ist Wohlfühlen angesagt. Hier haben Schicki-Micki und winzige Designer-Portiönchen nichts zu suchen. Hier ist alles handfest, ehrlich und bodenständig.

Familiär geht es in diesem Gasthaus zu, jeder wird herzlich empfangen, für alle hat Besitzerin Caroline Vedder Zeit. Ihr Mann Reinhard ist oft im »Backes« zu finden, dem Backhaus, wo jeden Donnerstag Brot in den Ofen geschoben wird. Lecker duftet dann die Luft über Nieder-Holte. Die Gäste im Restaurant können sich auch freuen: Ihnen wird frisches, knuspriges Brot zum Essen gereicht.

Das Angebot an Speisen ist vielfältig und verlockend. Vor allem die Wildgerichte haben es in sich. Das Fleisch ist saftig und zart und das Aroma von Lorbeer und Wacholder stimmt. Und da in der Küche gutbürgerliche Tradition herrscht, gibt es das obligatorische Apfelmus (natürlich selbstgekocht!) und Preiselbeeren zum Hirsch- oder Wildschweingulasch. Ich kann jedenfalls kaum genug bekommen und spreche am Ende die Worte aus, die für jeden Koch ein großes Lob bedeuten: »Das hat geschmeckt wie bei Muttern!«

Wer sich hoch zu Ross fortbewegt, ist im Restaurant Vedder herzlich willkommen – dem ersten pferdefreundlichen Gasthof im Märkischen Kreis.

50

Günter Wermekes Design
Bürhausen 11
58566 Kierspe
02269 7301
www.wermekes.de

EDELSTAHL UND KLARE FORMEN

Atelier von Günter Wermekes

Als Jugendlicher träumte Günter Wermekes von einer Karriere als Modedesigner. Durch einen Umweg, den er als Glücksfall ansieht, ist der Kiersper zum Schmuckdesign und zur bildenden Kunst gekommen. Gelernt hat er bei dem weltweit bekanntesten Künstlergoldschmied der 70er- und 80er-Jahre – bei Professor Friedrich Becker in Düsseldorf. Bei ihm drückte er aber nicht in der Fachhochschule die Seminarbank. Er war Beckers Lehrling in der Werkstatt, wo er das Handwerk von der Pike auf lernte.

Und genau hier packte ihn seine Besessenheit. Seine Liebe gilt dem Edelstahl – ein Material, das mancher nicht mit Schmuck der Luxusklasse verbinden mag. Für Günter Wermekes ist es der Werkstoff, den er liebt und versteht. Zum Edelstahl gesellten sich Brillanten: Eine Kombination, die nach unvereinbaren Komponenten klingt – bei genauer Betrachtung jedoch durch eine Klarheit besticht, die einen ganz eigenen Sog besitzt. Wermekes beschreibt es so: »Jeder Werkstoff spricht seine eigene Sprache. Edelstahl redet vom Heute, von Konstruktion, Zukunftsplänen und der Sachlichkeit unserer Zeit. Ein Brillant dagegen von der Zeitlosigkeit, dem Feuer, der Emotion. Der Gestalter ist nur Übersetzer, der dieser Sprache möglichst exakt den letzten Schliff geben sollte.« Hier spricht, nein, hier philosophiert ein Mann, für den Design eine Kunstform und Architektur eine niemals versiegende Inspirationsquelle für das eigene Schaffen darstellt. Mies van der Rohes »Less is more« (Weniger ist mehr) lautet sein Credo. Ein Besuch in seinem Atelier, zu dem er – nach Absprache natürlich – gerne einlädt, verschafft dem Interessierten Einblicke in Wermekes' Welt und seine Schmuckkollektion. Fingerringe, Halsschmuck, Armreife und Broschen bestechen durch Klarheit und Beschränkung und zeigen: Nicht das Schmuckstück soll strahlen, sondern der Mensch, der es trägt.

Günter Wermekes lebt und arbeitet in einem Bauernhaus in Rönsahl, das er gemeinsam mit seiner Frau in jahrelanger Kleinarbeit restaurierte.

51

Historische Brennerei Rönsahl
Rönsahler Brauerei
Hauptstraße 23
58566 Kierspe-Rönsahl
02269 9296687
www.roensahler-landbier.com.

Historische Brennerei e.V.
Rönsahl
www.brennerei-roensahl.de

JAZZ MIT LANDBIER

Historische Brennerei Rönsahl

Das Herz schlägt im Untergeschoss. Da steht die alte Brennanlage, mit der bis zum Jahr 2002 der berühmte Krugmann-Schnaps gebrannt wurde. Der fließt heute nicht mehr in Rönsahl durch die Rohre. Nein, so hochprozentig wie früher gehe es heute nicht mehr zu, erzählen Marcel Faulenbach und Tim Feldmann. Seit 2012 brauen die beiden Freunde ihre Biere liebevoll per Hand in der historischen Brennerei – und haben damit Erfolg. Den großen, kupfernen Braukessel können sich Bierliebhaber ganz genau anschauen, während sie an einem der mehrstündigen Brauseminare der beiden Brauer teilnehmen. Aber vielleicht genügt dem einen oder anderen auch schon eine zweistündige Führung durch die Brauerei, um den Wissensdurst zu stillen. Eine Verkostung steht dabei mit auf dem Programm, versprechen Marcel Faulenbach und Tim Feldmann.

Wer lieber etwas über die hochprozentige Vergangenheit des denkmalgeschützten Gebäudes erfahren möchte, für den sei eine weitere Führung empfohlen. Nach Terminabsprache kann man die Brennereianlage besichtigen und sich das alte Handwerk der Schnapsherstellung erläutern lassen. 1854 fiel der Startschuss für die Alkoholherstellung. Landwirt Wilhelm Haase tat dies zuerst in kleinem Umfang, bevor er 1870/71 die Brennerei errichtete. Seit 2008 betreut der Verein Historische Brennerei Rönsahl das Gebäude und die Einrichtung als Pächter.

Aber die Brauerei/Brennerei in dem historischen Gebäude in Kierspe-Rönsahl ist weit mehr als ein Tempel für die Genießer des Gerstensaftes. Sie ist auch ein geschätzter Treffpunkt für Musikfreunde. Vor allem dem Jazz wird hier gefrönt. Für die Verpflichtung der Musiker zeichnet der heimische Kulturverein *KuK* verantwortlich. Ihm gelingt es immer wieder, Perlen des Genres zu engagieren und für unvergessliche Konzertabende zu sorgen.

Die Rönsahler Brauerei ist freitags und samstags für den Verkauf geöffnet.

52

Bakelitmuseum im Alten Amtshaus
Friedrich-Ebert-Straße 380
58566 Kierspe
02359 661140
www.kierspe.de

EIN WUNDERMATERIAL

Bakelitmuseum

Nur ein Paar Stiefel fehlt ihm noch, erzählt Ulrich Finke, während er seinen Blick über die Regale im Lagerraum und die Räume mit den großen Vitrinen schweifen lässt. Hier lagern die Kostbarkeiten, die keinen Platz in der Ausstellung haben. Was hier ausgestellt und aufbewahrt wird? All die Dinge, die man aus dem Stoff gefertigt hat, den der belgische Chemiker Leo Henrik Baekeland 1905 entwickelt hat: Bakelit. Dass nichts unmöglich und Bakelit der »Stoff der tausend Dinge« ist, zeigen die Exponate, die Ulrich Finke immer wieder neu arrangiert. Warum gerade in Kierspe ein Bakelitmuseum steht, frage ich den Ortsheimatpfleger. »Weil hier das westliche Zentrum der Bakelitverarbeitung war«, weiß er. Die meisten Ausstellungsstücke wurden von Carl-Heinz Vollmann gestiftet, dessen Firma Reppel und Vollmann Gebrauchsgegenstände aus Bakelit herstellte. Die eigentliche Hochburg des Tausendsassas unter den Kunststoffen war aber nicht Kierspe. »Nein, die DDR«, lächelt Ulrich Finke. Und schiebt hinterher: »Man konnte den Eindruck kriegen, dass man die gesamte DDR aus Bakelit gemacht hatte!«

Machen kann man vieles aus dem Kunststoff, das sehe ich, während ich den Inhalt der Vitrinen bestaune: Strickmaschinen, Lockenwicklerstationen, Rasierutensilien. Auf die Frage, ob es etwas gebe, das man nicht aus dem Wundermaterial fertigen kann, geht Ulrich Finke zurück in den Lagerraum und kommt mit einer Urne zurück. Särge aus Bakelit wurden auch hergestellt, berichtet der Museumsleiter. Und erzählt dann, wie und wo er neue Schätze aufstöbert. Früher habe er vieles aus der DDR bekommen, heute sei er auf Sammler angewiesen, die er über das Internet finde. »Vielleicht stoße ich so auch auf die Stiefel«, sagt Ulrich Finke wehmütig. Große Hoffnungen macht er sich aber keine.

Das Bakelitmuseum öffnet seine Pforten für interessierte Besucher einmal in der Woche.

58

Wildgänse wie diese kommen vergleichsweise häufig vor an der **Jubachtalsperre**
Jubachweg
58566 Kierspe-Volme
02351 2198
www.sauerland.com

WILDE SCHÖNHEIT RUND UMS STAUBECKEN

Jubachtalsperre

Talsperren sind für mich als Kind des Sauerlandes nichts Besonderes. Es gibt so viele von ihnen. Schön sind sie natürlich alle, aber sie ähneln einander doch sehr. Eine Mauer, ein großes Becken – auf den größeren Stauseen fahren Ausflugsschiffe, um die kleineren laufen Jogger und Wanderer. Aber die Jubachtalsperre ist anders: wilder, rauer, schöner. Hier ist der Eingriff des Menschen nicht so sichtbar wie an der Glörtalsperre zwischen Breckerfeld, Schalksmühle und Halver, der Versetalsperre zwischen Lüdenscheid und Meinerzhagen oder der Fuelbecke-Talsperre in Altena.

Das Staubecken hat der Wanderer schnell hinter sich gelassen und kann dann auf Waldwegen wandeln. Immer im Ohr hat er das leise Plätschern und Rauschen des Bachlaufes, die Jubach begleitet ihn auf Schritt und Tritt. Gemächlich zieht sich der Weg hinauf, die Steigung ist sanft – das schafft auch der ungeübte Wanderer. Schließlich kann der Blick schweifen, man steht auf freiem Feld. Hier geht es steiler bergauf, vorbei an einem Bauernhof. Aber auch diese Etappe ist bald geschafft. Nun führt der Weg nur noch sanft und knieschonend bergab. Und noch etwas versüßt dem Spaziergänger im Spätsommer den Rest der Wanderung. An den Waldwegen wachsen Heidelbeeren in Hülle und Fülle. Die saftigen Früchte gibt es hier im Überfluss. Wer einen Korb bei sich hat, kann die blauen Vitaminbomben sammeln und zu Hause zu einem frischen Pfannkuchen genießen.

Ich bin bei jedem Besuch aufs Neue froh, dass es die Jubach gibt, dass der Aachener Professor Otto Intze gerade den herrlichen Anstieg mit Wald und Feld für den Talsperrenbau auswählte. Denn hier ist Naherholung im besten Sinne möglich. Hier kann man die Seele baumeln lassen, Herz und Kreislauf trainieren und die Natur genießen – und das tun viele Märker mit wachsender Begeisterung.

An der Talsperrenzufahrt liegt das Reidemeisterhaus, ein im frühklassizistischen Stil erbautes Haus, das unter Denkmalschutz steht und einen Besuch lohnt.

54

Waldbühne
Von der Parkstraße 122 in den Lüdenscheider Stadtpark
58509 Lüdenscheid

Kulturhaus Lüdenscheid
Freiherr-vom-Stein-Straße 9
58511 Lüdenscheid
www.kulturhaus-luedenscheid.de

WALDBODEN, DER DIE WELT BEDEUTET

Waldbühne

Lauschig und verwunschen liegt sie mitten im Lüdenscheider Stadtpark – die Waldbühne der Bergstadt. Es grenzt an ein kleines Wunder, dass hier überhaupt noch Theater auf die Bühne gebracht wird. Das war lange Zeit nicht der Fall. Aber zurück zu ihren Anfängen.

Wir schreiben den 12. Juli 1936. Zwei Jahre lang haben emsige Hände gebaut. An diesem Sommersonntag ist es endlich so weit, die Waldbühne wird eingeweiht. Und das mit einem echten Klassiker von William Shakespeare: *Der Widerspenstigen Zähmung.* Die Komödie um die sanfte Bianca, die nur dann heiraten darf, wenn ihre ältere Schwester Katharina, die »Widerspenstige«, unter die Haube kommt, soll der Auftakt sein für eine Reihe von wunderbaren Aufführungen. Nach dem Ende des Zweiten Weltkrieges gerät die Lüdenscheider Waldbühne jedoch nach und nach in Vergessenheit. Warum? Darüber kann ich heute nur noch spekulieren. Vielleicht waren die Lichtspielhäuser, die Tanzlokale für die Sauerländer in der Nachkriegs- und Wirtschaftswunderzeit einfach attraktiver – und der Fernseher, der in die Haushalte der Märker Einzug hielt.

Im Jahr 2004 erwachte die Waldbühne wieder aus ihrem Dornröschenschlaf. Was das für ein Glücksfall ist, zeigt sich jedes Jahr aufs Neue, wenn etwa das *N.N.-Theater Köln* zu einem Gastspiel nach Lüdenscheid kommt und die Waldbühnenbesucher verzaubert. Das schaffen die Schauspieler im Handumdrehen – auch bei mir. Wilhelm Hauffs Märchen *Das kalte Herz,* das heute Abend auf dem Programm steht, ist wie gemacht für diese Spielstätte.

Es gibt Geschichten, die kann man nur unter freiem Himmel und im Wald erzählen. Umso trauriger sind alle Besucher, wenn die Vorstellungen wegen schlechten Wetters ins Lüdenscheider Kulturhaus verlegt werden müssen.

Über die Vorstellungen, die auf der Waldbühne im Lüdenscheider Stadtpark stattfinden, informiert die Internetseite des Lüdenscheider Kulturhauses.

55

Integrative Kulturwerkstatt Alte Schule
Altenaer Straße 207
58513 Lüdenscheid
02351 661152
www.kulturarbeit.com

AUGENSCHMAUS UND OHRENWEIDE

Integrative Kulturwerkstatt Alte Schule

Das bisschen Haushalt hat verdammt nochmal viele Tücken. An denen könnte frau fast verzweifeln. Dass dieser Kampf mit Putzeimer und Schrubber aber auch jede Menge Lachsalven freisetzen kann, das zeigt uns die Clownin Gardi Hutter an diesem Abend. Rund 90 Minuten ist die Dame auf der Bühne und ringt uns allen Respekt ab für ihre Darbietung – voller Körpereinsatz ist das und maximale Strapazierung unserer Lachmuskeln gleich dazu. Wir haben einfach Spaß – wie immer bei den Veranstaltungen in der Kulturwoche *Augenschmaus und Ohrenweide.* Die sind fester und nicht wegzudenkender Bestandteil der Arbeit der Integrativen Kulturwerkstatt Alte Schule in Lüdenscheid. Die wiederum gehört zum Evangelischen Johanneswerk, einer Organisation also, deren Angebote sich an Kranke und Menschen mit Beeinträchtigungen richten.

»Kultur als Medium zur Integration von Menschen mit geistiger Behinderung« – das ist der Leitsatz von Thomas Wewers, dem Leiter der Kulturarbeit in der Integrativen Kulturwerkstatt. Seit vielen Jahren bereichert er gemeinsam mit seinen Kollegen und vielen ehrenamtlichen Unterstützern das kulturelle Leben der Stadt Lüdenscheid. Die Angebote der Alten Schule richten sich ausdrücklich an Menschen mit und ohne Behinderungen.

Hier arbeiten und werkeln Menschen gemeinsam, probieren sich und etwas Neues aus, wagen Experimente, treten auf die Bretter, die die Welt bedeuten, verschwinden hinter selbst kreierten Masken. Hier begegnen sich Menschen ohne Vorurteile auf Augenhöhe, ohne Scham und ohne falsche Rücksichtnahme. Weil hier das gemeinsame Projekt, das gemeinsame Schaffen, der gemeinsame Spaß im Vordergrund stehen. Ein Gewinn für beide Seiten – und manchmal der Beginn von Freundschaften, die auch nach dem Ende der Workshops weitergehen.

Über die verschiedenen Veranstaltungsangebote der Integrativen Kulturwerkstatt Alte Schule Lüdenscheid können sich Interessierte auf der Website informieren.

56

Phänomenta
Phänomenta-Weg 1
58507 Lüdenscheid
02351 21532
www.phaenomenta.de

Zündeln für die Forschung

Phänomenta

Vergessen Sie bloß nicht, das Lieblingsspielzeug Ihres Kindes einzupacken. Sonst haben Sie nicht die geringste Chance, selbst einmal die spannenden Experimente des Mitmach-Museums ausprobieren zu können. In der Lüdenscheider Phänomenta ist immer viel los: Die Experimentierstationen laden die kleinen und großen Besucher nicht nur zum Anfassen, sondern vor allem zum Ausprobieren ein. Und die Gäste haben danach ganz zwanglos und ohne muffige Schulerinnerungen etwas über die Erzeugung von Energie, die Statik einer Brücke, Klangphänomene oder haltbare Schatten gelernt. Hier sind Physik und Technik keine trockenen, drögen Unterrichtsfächer, sondern spannende und lockende Wissenschaften. Hier wird alles erfahr- und greifbar, lebendig, nah am Alltag und am Menschen. Berührungsängste sollten die Besucher keine haben – das wäre tatsächlich kontraproduktiv und würde dafür sorgen, dass das Vergnügen sich nur zögerlich oder gar nicht einstellt. Die Phänomenta Lüdenscheid ist ein interaktives Museum, das über das experimentelle Erfahren und eigene Ausprobieren einen neuen Zugang zu Naturwissenschaften vermitteln will. Sämtliche der über 180 Experimente zu Mechanik, Optik, Elektrizität und Akustik können von den Besuchern in Eigenregie erkundet und ausprobiert werden. Der Höhepunkt: Das Foucault'sche Pendel, das die Erdrotation veranschaulicht.

Einmal im Jahr fliegen in der Phänomenta dann die Fetzen. Dann hat die Redaktion der WDR-Kindersendung *Lilipuz* zum großen Wissenstag eingeladen. Dann explodieren wasserstoffgefüllte Luftballons, verglühen Pflanzensporen – und anschließend muss gründlich gelüftet werden. In Workshops mit Wissensschaftsjournalisten, Moderatoren und Mitarbeitern des Phänomentavereins erkunden die Besucher Eigenschaften von Stoffen und Flüssigkeiten, bauen Radios, Musikinstrumente, Raketenantriebe oder anderes Spannendes aus dem großen Reich der Technik.

Mit dem 75 Meter hohen Stahlturm mit Membranbespannung, in dessen Mitte ein Foucault'sches Pendel schwingt, hat Lüdenscheid ein neues Wahrzeichen bekommen.

57

Siku//Wiking Modellwelt
Schlittenbacher
Straße 56a
58511 Lüdenscheid
02351 876212
www.siku.de

DAS GRÖSSTE AUTOMUSEUM DER WELT

Siku//Wiking Modellwelt

Kennen Sie das Glitzern in den Augen einer Frau, wenn sie an der Auslage eines exklusiven Schuhgeschäfts stehenbleibt? Dann wissen Sie jetzt auch, wie kleine und längst erwachsene Jungs beim Betreten der Siku/Wiking Modellwelt an der Schlittenbacher Straße in Lüdenscheid schauen. Dort hat die Firma Siku im Juni 2012 ihr Werksmuseum eröffnet. Und dort kommen die Besucher aus dem Staunen kaum noch heraus.

Rund 3.500 Modelle der Traditionsmarken Siku und Wiking sind auf zwei Etagen zu bewundern. Im Erdgeschoss schlagen die Sammlerherzen beim Betrachten der Wiking-Modelle höher. Vergangenheit wird hier lebendig – detailgetreu nachgebildet. Nicht nur Autos gibt es hier, sondern auch Schiffe, Flugzeuge und Figuren. Seit 1936 werden Wiking-Modelle produziert – bis 2009 in Berlin. Viele von ihnen stehen auch in Privathaushalten in Vitrinen. Zum Spielen sind sie nämlich mittlerweile viel zu wertvoll. Sammler zahlen hohe dreistellige Preise, wenn sie auf der Jagd nach einem besonders begehrten Stück sind. Der Spieltrieb der Besucher wird eher in der ersten Etage des Museums befriedigt. Hier findet man die robusteren Siku-Modelle. Unzählige Personenwagen, Lastwagen und Traktoren sind in liebevoll gestalteten Landschaften und in Regalen aufgebaut. Und hier darf der Museumsgast endlich auch selbst aktiv werden. Es gibt Teststrecken und Baustellen für die elektronisch lenkbaren Fahrzeuge der neuesten Generation. Abgerundet wird die Ausstellung durch einen Graveurs-Arbeitsplatz.

In der *Siku//Wiking Modellwelt* kommt der Fan und Sammler der Wiege seiner geliebten Fahrzeuge übrigens so nah wie nur eben möglich. Direkt nebenan entsteht die komplette Siku/Wiking-Produktpalette – in der »größten Automobilfabrik der Welt«.

Einen besonderen Service bietet die Modellwelt Geburtstagskindern – sie haben freien Eintritt. Umsonst staunen dürfen Kinder bis drei Jahre: jeden Tag.

58

Drahthandelsweg
Startpunkt: Parkplatz
Bahnhofsallee
58507 Lüdenscheid
www.drahthandelsweg.de

Danzturm-Iserlohn
Panoramarestaurant
Danzweg 60
58644 Iserlohn
02371 778234
www.danzturm-iserlohn.de

MÄRKISCHES GESPÜR FÜR DRAHT

Drahthandelsweg ab Lüdenscheid

Wieder bringt das Metall den Sauerländer auf Trab. Rund 32 Kilometer muss er auf Schusters Rappen zurücklegen, bevor er behaupten kann, dass er den Weg des Drahts gegangen ist. Iserlohn, Altena und Lüdenscheid verbindet der Drahthandelsweg, sie waren im Mittelalter Handelspartner der Hanse. Die Reidemeister, die Unternehmer der Metallindustrie, brachten ihre Drahtrollen zur Weiterverarbeitung mit Pferdekarren nach Iserlohn.

Ich starte meine Wandertour in Lüdenscheid. Hier beginnt das Rahmedetal, in dem früher viele und heute noch einige »Drahtrollen«, also Drahtfabriken, ansässig waren und sind. Ich erreiche die Fuelbecker Straße und gehe über eine Brücke, unter der zäh der Verkehr fließt. Es ist die Autobahn 45, die Sauerlandlinie, die Hauptverkehrsader der Neuzeit, auf der der Märker unterwegs ist und seine Metallprodukte in die Welt bringt. Nach diesem Sprung in die Moderne stehe ich im Wald. Über den Waldwirtschaftsweg geht es hinab zur Fuelbecke, einer Talsperre auf Altenaer Stadtgebiet.

Schilder weisen mir den Weg. Sie erzählen die Geschichten vom Draht, von den Reidemeistern der Mark, von der schweren Arbeit und den Entbehrungen – aber auch von der Blütezeit einer ganzen Region. Entlang der Lenne führt mich mein Weg durch Altena weiter in Richtung Iserlohn. Von der Fritz-Berg-Brücke, auf der ich die Lenne schließlich überquere, habe ich einen herrlichen Blick auf die Burg Altena. Steil geht es hinauf – immer Richtung Höhendorf Hegenscheid. Ich erreiche das Dörfchen Kesbern bei Iserlohn und freue mich auf den Danzturm, von dem ich eine weite Aussicht über ganz Iserlohn habe. Kaffee und Kuchen warten im Turmcafé *Danzturm* auf mich. Gestärkt ist die letzte Etappe des Drahthandelswegs bis zum Bahnhofsplatz Iserlohn nur noch ein Klacks.

Möglichkeiten für eine Stärkung in Form von Kaffee und Kuchen sowie mit Herzhaftem aus der Region gibt es viele. Verfehlen kann man die Gaststätten und Cafés nicht – sie liegen direkt am Drahthandelsweg.

59

Museen der Burg Altena
Fritz-Thomée-Straße 80
58762 Altena
02352 9667033
www.burg-altena.de

KEMENATE MIT FLUSSBLICK

Burg

Ich möchte meinen ehemaligen Lehrern heute eine Frage stellen: Warum führten uns unsere Klassenfahrten nur nach Hessen, an die Nordseeküste und ins Elsass? Wo doch das Gute in unserem Falle so nah lag? Die älteste Jugendherberge der Welt findet man doch in Altena, untergebracht in der Burg, die hoch über dem Fluss Lenne thront, weithin sichtbar, seit Neuestem in manchen Nächten blau erleuchtet. Richard Schirrmann, ein passionierter Wanderer und Mitglied des Sauerländischen Gebirgsvereins, richtete im Jahre 1912 die erste Jugendherberge der Welt in dem alten Gemäuer ein – und noch heute kommen Schulklassen von nah und fern, um sich bei Ritterspielen und Gespenstergeschichten zu amüsieren.

So gesichert die Daten und die Historie der Jugendherberge sind, so sehr liegt die Geschichte der Burg im Dunkeln, zumindest wenn es um ihre Anfänge geht. Die Entstehung ist eine Legende – es kursieren mehrere, ganz verschiedene Varianten. Sicher ist, dass die Burg in der Hand der Familie von Berg war. Bis zum Jahr 1696, aus dem Abraham Begeyns Zeichnung der Burg Altena stammt, sind Schilderungen gespickt mit den Worten »vielleicht«, »wahrscheinlich« und »möglicherweise«. Dieser sagenhafte Beginn verstärkt den Reiz nur, der die Burganlage bis heute umgibt.

Doch was passiert jetzt, ganz aktuell, vor Ort rund um die Burg? Es wird gebaut. Und zwar ganz emsig. Warum? Weil Altena mehr Touristen anlocken will. Die sollen den Burgberg nicht mühsam hinaufkraxeln, sondern bequem – 60 Meter mitten durch den Berg – mit dem Aufzug nach oben transportiert werden. Unter den Altenaer Bürgern ist der Burgaufzug umstritten. Ein Grund für die Skepsis sind die Kosten: 5,7 Millionen Euro soll der Burgaufzug kosten, 5,12 Millionen übernimmt das Land NRW. Ob mehr Touristen in die Burgstadt finden, bleibt noch abzuwarten.

Im Restaurant Burg Altena können die Gäste stilecht tafeln. Mit Fasan und Rebhuhn gibt es Minnesang sowie Krummhorn- und Schalmeienklänge.

60

Deutsches Drahtmuseum
Fritz-Thomée-Straße 12
58762 Altena
02352 9667034
www.deutsches-drahtmuseum.de

VOM KETTENHEMD ZUM SUPRALEITER

Deutsches Drahtmuseum

Draht gehört zu Altena wie der Wein zu Weib und Gesang. Eine Welt ohne Draht – das wäre für die Altenaer nicht denkbar. Hier in der Burgstadt, in der jeder Bürger sein »Fabriksken« hatte, wie der Volksmund halb scherzhaft, halb wahrheitsgetreu sagt, drehte und dreht sich heute noch vieles um das Metallerzeugnis. Und weil das so ist, schaffte Paul Rump 1965 Fakten. Auf die Initiative des Industriellen hin gründete der Landkreis Altena das Deutsche Drahtmuseum – weltweit einzigartig. Die Dauerausstellung »Vom Kettenhemd zum Supraleiter« liefert dem Besucher alle wichtigen Informationen rund um den Draht, der in Altena die Welt bedeutete und Industrie und Alltag nachhaltig prägte. Der Besucher kann sehen, wie sich die Drahtherstellung im Laufe der Geschichte veränderte. Und er kann überrascht feststellen, wie vielseitig der Einsatz von Draht ist: in der Technik, im Schmuckdesign und in der Kunst.

Und auch in der Sprache: Einen wunderbar abseitigen Bereich der Ausstellung bildet die Abteilung »Draht und Sprache«. Die deutsche Sprache ist auf Draht, hat Drahtseilakte, Drahtesel und Drahtzieher zu bieten, zeigt uns Nerven wie Drahtseile und manchmal auch den heißen Draht. In Sachen Metaphorik ist der Draht aus der deutschen Sprache einfach nicht wegzudenken. Wunderbar, dass das Deutsche Drahtmuseum auch diesen Aspekt ausführlich und fantasiereich beleuchtet – mit vielen Fotos, Collagen und Plakaten.

Interessant ist auch der Bereich »Draht wird gezogen«. Eine große Sammlung von Zieheisen steht hier im Mittelpunkt. Alte Grafiken zeigen dem Besucher, wie im Laufe der Jahrhunderte die manuelle Technik des Drahtziehens funktionierte. An einer Versuchsstation kann man ausprobieren, wie viel Muskelkraft man aufbieten muss, um Draht in die Länge zu ziehen.

Immer wieder finden in den Räumen des Deutschen Drahtmuseums Sonderausstellungen statt, die nicht zwingend etwas mit dem Thema Draht zu tun haben müssen.

61

Burg Holtzbrinck
Kirchstraße 20
58762 Altena
02352 9667034
www.visitaltena.de

EINE BURG FÜR DIE BÜRGER

Burg Holtzbrinck

An diesem Abend passt alles perfekt zusammen. Peter Prange kommt zu Besuch. Darüber freuen wir uns hier immer ganz besonders. Er ist ein echter Altenaer Junge, auch wenn er schon seit vielen Jahren in Tübingen lebt – und ein erfolgreicher Schriftsteller. Seine Lesung findet im großen Saal der Burg Holtzbrinck statt. Das älteste Bürgerhaus der Stadt ist der schönste und beliebteste Veranstaltungsort Altenas. Frisch renoviert und restauriert erstrahlt das Gebäude in neuem Glanz – sehr zur Freude der Burgstädter. So ist die Burg Holtzbrinck wieder fit für Kabarett, Jazz léger, Lesungen, klassische Konzerte und viele weitere Veranstaltungen.

Die erste urkundliche Erwähnung der Burg Holtzbrinck geht auf das Jahr 1643 zurück, als der Rentmeister und Freigraf Georg Holtzbrinck das Gebäude erwarb. Genaue Datierungen gibt es nicht, aber man geht davon aus, dass der älteste Teil der Burg bereits aus dem 16. Jahrhundert stammt. Georg Holtzbrinck vererbt die Burg an seinen Sohn Stephan Johann. Der wiederum lässt in den Jahren von 1673 bis 1689 jene Veränderungen am Gebäude vornehmen, die das heutige Erscheinungsbild prägen. 1972 geht das Gebäude in die Hände der Stadt Altena über, die es nach ausgiebigen Restaurationsarbeiten 1976 offiziell zum Bürgerhaus erklärt. Für die Altenaer ist es aber immer ihre »Bürgerburg«, die am Fuß des Burgbergs als kleine Schwester der Burg Altena steht und neben dieser der einzige repräsentative Profanbau der Stadt ist. Zum Lenneufer hin gelegen finden die Besucher der Burg Holtzbrinck einen Garten – passenderweise im Stil des Rokoko. Hier kann man bei gutem Wetter lustwandeln, einen Blick auf den Fluss werfen und sich einfach ein wenig in dem üben, was man in früheren Zeiten Müßiggang nannte.

Über die Veranstaltungen, die in der Burg Holtzbrinck stattfinden, können sich Interessierte unter www.altena.de informieren.

62

Historische Fabrikanlage Maste-Barendorf
Baarstraße 220–226
58636 Iserlohn
02371 217161
www.iserlohn.de

AUF DER SPUR ALTER HANDWERKE

Fabrikanlage Maste-Barendorf

In Iserlohn haben Handwerk und Industrie eine lange Tradition. Das zeigt die historische Fabrikanlage Maste-Barendorf dem Besucher auch heute noch. Zehn Gebäude bilden die Industrieansiedlung aus dem 19. Jahrhundert, die Kulturgeschichte lebendig werden lässt. Die Iserlohner Fabrikanten Duncker und Maste stampften Anfang des 19. Jahrhunderts am Baarbach nördlich von Iserlohn ein großes Messingwalzwerk aus dem Boden. Der Bach lieferte mit seinem Wasser die Energie, die die Maschinen des Werkes antrieb. Neben dem großen Wasserrad entstanden zuerst ein Walz- und ein Glühofengebäude.

Der Anfang war gemacht. Nach und nach kamen andere Gebäude und die in ihnen beheimateten Handwerke hinzu. Ein Gießhaus, eine Lötschmiede, eine Drahtzieherei, ein Stampfhaus, ein Schleifgebäude, ein Sandhaus, eine Pocherei und Ahlenschmiede, eine Eisengießerei und eine Feilenhauerschmiede entstanden. Wer sich unter den Bezeichnungen nichts vorstellen kann, ist in Maste-Barendorf gut aufgehoben. Bei Vorführungen werden die alten Handwerke wieder zum Leben erweckt – ein wunderbares Kennenlernen für Groß und Klein. Produktiv war die Fabrikansiedlung in Iserlohn in jedem Falle – weltweit exportierte man Nadeln, Möbel- und Türbeschläge, Türklinken, Tischglocken und Kerzenleuchter. Iserlohn war bekannt für qualitativ hochwertige Erzeugnisse aus Metall.

Das Totenglöckchen für die Fabriken läutete nach dem Ersten Weltkrieg – die Produktion wurde eingestellt. Gut, dass findigen Iserlohnern in den 1960er-Jahren die Idee zum Industriemuseum kam, auch wenn es noch bis 1985 dauerte, das Museum tatsächlich zu eröffnen. Doch in Barendorf ist nicht nur das Handwerk zu Hause. Einige Räume in den Gebäuden dienen Künstlern als Atelier.

Das Museumsdorf Maste-Barendorf ist ein beliebtes Ausflugsziel geworden. So kommen viele Besucher zum Weihnachtsmarkt und zum Rock-Festival.

63

Die **Dechenhöhle** gehört zum **Deutschen Höhlemuseum Iserlohn**
Dechenhöhle 5
58644 Iserlohn
02374 71421
www.dechenhoehle.de

TRONJE VON HAGEN REIFT IN ISERLOHN

Dechenhöhle

In Iserlohn reift nicht Käse in der Dunkelheit, sondern Hochprozentiges. Schotten und Iren nennen die bernsteinfarbene Flüssigkeit liebevoll »Wasser des Lebens« – und auch die Sauerländer haben ihr Herz für Whisky entdeckt. Am 29. Oktober 2010 wurde das erste Fass von der Märkischen Spezialitätenbrennerei aus dem nahe gelegenen Hagen-Dahl mit feinstem Single Malt Whisky gefüllt. Das geschah unter den Augen des Mannes, der in Fachkreisen nur der »Whisky-Papst« genannt wird und der Verfasser der *Whisky-Bibel* ist: des Schotten Jim Murray. Nach einer Verkostung des Lebenswassers stand für Murray fest: Dieser Whisky schafft es in die nächste Auflage seiner *Bibel.* Am 3. Mai 2011 zog der Whisky um – und zwar in die Dechenhöhle, wo er unter optimalen Bedingungen reifen soll. In der Kristallgrotte steht das Thermometer nämlich konstant bei zehn Grad Celsius und 100 Prozent Luftfeuchtigkeit. Und so kann »Tronje von Hagen«, nicht zu verwechseln mit Hagen von Tronje aus dem Niebelungenlied, in Ruhe reifen.

Der Ruhm und die Bekanntheit der Iserlohner Dechenhöhle kam aber nicht mit dem Whisky. Sie ist bei kleinen und großen Besuchern schon lange beliebt, wurde sie doch bereits im Juni 1868 von zwei Eisenbahnarbeitern zufällig entdeckt, als diese auf der Strecke Letmathe-Iserlohn Felsen sicherten. Auf den Marsch durch die Dunkelheit kann man sich im Deutschen Höhlenmuseum Iserlohn einstimmen, wo auf Schautafeln und in Vitrinen viel Wissenswertes über Entstehung und Entwicklung der Höhle zu finden ist. Und auch über ehemalige Bewohner wie Dinosaurier, Höhlenbär und Grottenolm.

Aktuell hausen Fledermäuse in den unterirdischen Gängen und Grotten. Bei Konzerten erfreuen sie die Besucher oft mit einem kurzen Auftritt, der mit Freudenlauten, aber manchmal auch einem Schreckensschrei quittiert wird.

Neben einer Höhlenführung lohnt sich der Besuch eines Konzerts mit Flöte, Trommel und Didgeridoo – ein einzigartiges Klangerlebnis ist garantiert.

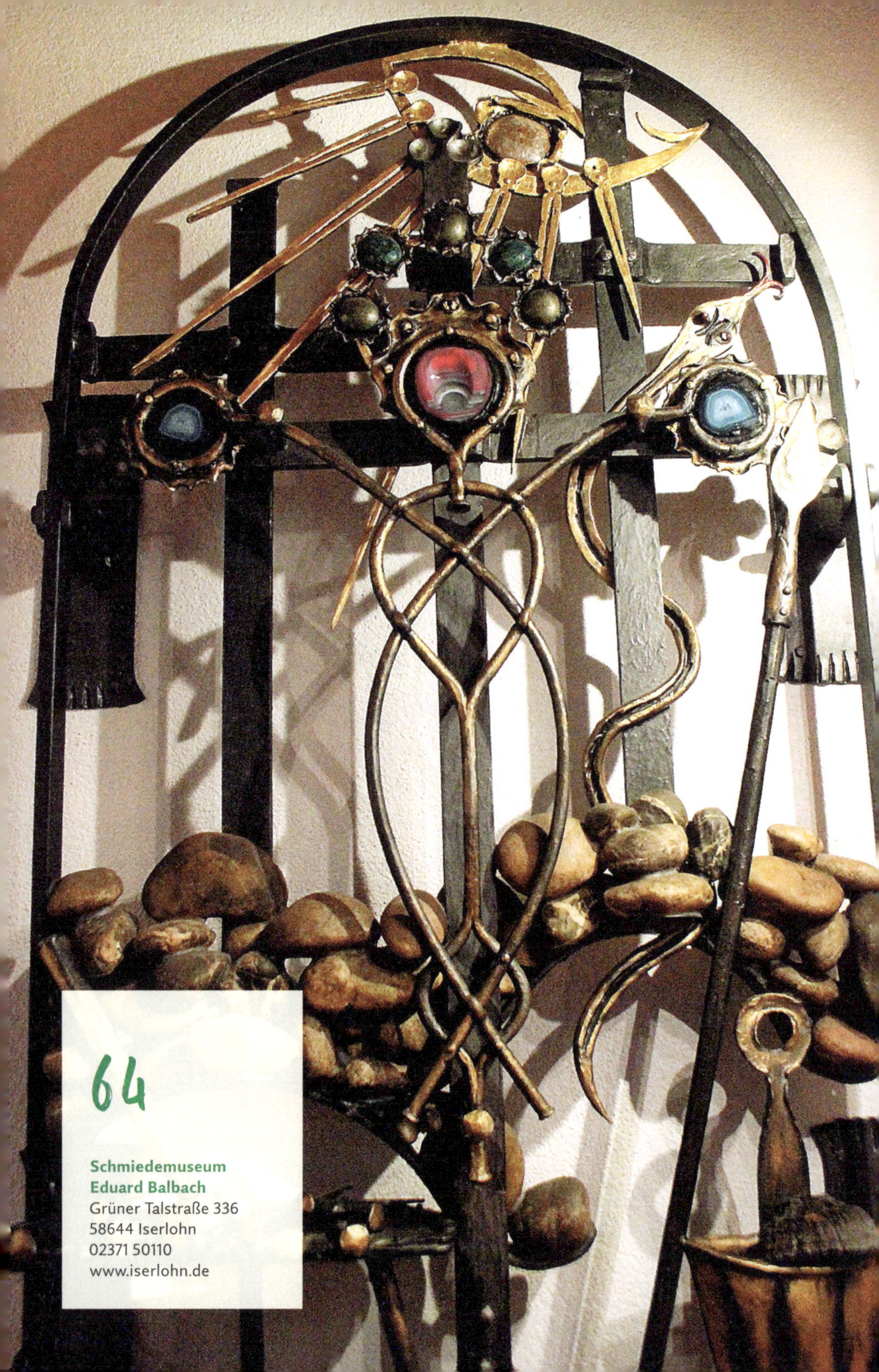

64

Schmiedemuseum Eduard Balbach
Grüner Talstraße 336
58644 Iserlohn
02371 50110
www.iserlohn.de

EIN LEBEN – RANDVOLL

Schmiedemuseum Eduard Balbach

Ich werde diesen Tag nie vergessen, als der große Mann mit dem grauen Bart zum ersten Mal vor mir stand. Das war er also: Eduard Balbach, der Schmiedekünstler, der sich in seinen Werken immer wieder mit religiösen Themen beschäftigte, der weit über die Grenzen Iserlohns bekannt war. Eines seiner Werke steht in einem Park in New York – unweit von Ground Zero.

Als ich im Jahr 2017 von seinem Tod erfuhr, war ich sehr traurig. Die Welt hatte einen Menschen verloren, der sein Leben gelebt hatte – auch wenn es alles andere als einfach war. Balbach war ein Kämpfer, der in den Wirren des Krieges seine Eltern verlor, nach Deutschland verschleppt und später nach Russland zurückgebracht wurde. »In einem Zugwaggon wurden wir gehalten, wie Vieh.« Der Zufall rettete Eduard Balbach vor seinem Bestimmungsort Sibirien und brachte ihn nach einem dreijährigen Fußmarsch zurück nach Deutschland. Über Umwege kam Balbach nach Werdohl, fand einen Lehrherren, der ihm noch dazu seine Tochter zur Frau bot. Aber: »Dann kamen mir die Don Kosaken dazwischen.« Anstatt zu heiraten ging er mit dem Chor auf Tournee. Aber das Wanderleben machte ihn nicht glücklich. »Da war etwas in mir, das sich Wurzeln wünschte.« Also brach er den Vertrag mit den Don Kosaken und kehrte nach Werdohl zurück. Pünktlich zum Schützenfest kam er heim und verschenkte sein Herz beim Tanzen an seine künftige Ehefrau.

Die Familie zog nach Iserlohn. Dort baute Eduard Balbach das auf, das seinen Ruhm begründete. Seine Kunstwerke aus Holz und vor allem aus Metall sind überall auf dem Grundstück zu finden. Das Herzstück des heutigen Schmiedemuseums ist sicher die Kapelle. Für Eduard Balbach, den orthodoxen Christen, war sie ein ganz besonderer Ort. Er sagte immer: »Katholisch, evangelisch, orthodox? Wir leben alle unter ein und derselben Sonne.«

Nach Vereinbarung können interessierte Besucher die Werke Eduard Balbachs und seine Kapelle im Schmiedemuseum im Iserlohner Grüner Tal besichtigen.

65

Teufelsturm – Heim der westfälischen Fastnacht
An der Stadtmauer 49
58706 Menden
02373 12666
www.teufelsturm-menden.de

Helau und Alaaf im Sauerland

Westfälisches Karnevalsmuseum *Teufelsturm*

Kamelle, Strüßche, rheinischer Frohsinn – was hat das mit Menden im Märkischen Sauerland zu tun? Sehr viel, wie ich als ehemalige Mendenerin weiß. Gut, Menden ist keine Karnevalshochburg wie Köln oder Düsseldorf, aber die fünfte Jahreszeit wird hier mit Enthusiasmus gefeiert. Die Karnevalsgesellschaft Kornblumenblau lässt es krachen bei ihrem großen Umzug in der Mendener Innenstadt, der Herrensitzung im Zelt vor dem Rathaus und den Prunksitzungen auf der Wilhelmshöhe.

Kein Wunder, dass diese streitbaren Kämpfer für das Narrentum gern ihre Freizeit opferten, um der Westfälischen Fastnacht ein Zuhause zu schaffen. Rund 10.000 Arbeitsstunden investierten die Vereinsmitglieder, um den Teufelsturm, einen der zehn Stadttürme der Befestigungsanlage aus dem 14. Jahrhundert, zu einem Museum umzubauen. Drei Jahre, von 1978 bis 1981, dauerten die Arbeiten. Seit der Eröffnung kann der Besucher alles über den Karneval in Westfalen erfahren.

Los geht es mit den Wurzeln – die, manchen wird es erstaunen, bei den Griechen und Römern zu suchen sind. Und natürlich ist auch der Einfluss der katholischen Kirche für den Karneval maßgeblich gewesen. Seit dem 16. Jahrhundert sind die Narren in Westfalen und auch im Sauerland mächtig aktiv. Da bleiben auch Sauf- und Fressgelage nicht aus. Die Entwicklung von Straßenkarneval, Maskenbällen und dem Saalkarneval mit Prunk- und Stunksitzungen wird hier nachgespürt. Zahlreiche Exponate veranschaulichen dem Besucher die Bedeutung, die die Fastnacht für den sonst so sturen Sauerländer hat. Wie bunt es die Mendener in der Vergangenheit getrieben haben, zeigt eine mit viel Liebe zum Detail konzipierte Multimediashow. So kann der Besucher auch die alten Büttenreden vom Mendener Karnevalsurgestein Pit Dräger erleben – und vielleicht auf den Geschmack kommen, beim nächsten Mal hautnah dabei zu sein.

Das Schmarotzerhaus in der Nähe des Teufelsturms als typisches Arme-Leute-Haus zeigt Werkstätten, Möbel und Hausgeräte aus der Zeit von 1860 bis 1930.

66

Städtisches Museum Menden
Marktplatz 3
58706 Menden
02373 9031654
www.menden.de

UNTER DEM KREUZ VEREINT

Kreuztracht im Städtischen Museum Menden

Die Mendener Kreuztracht hat eine über 300 Jahre lange Tradition. Die Geschichte der Prozession begann im Jahre 1685. Mendens Bürgermeister Wennemar Schmittmann und sein Vertreter Heinrich Wulf trugen ein Kreuz auf den Kapellenberg, den die Mendener damals – noch tief im katholischen Glauben verankert – den Kalvarienberg nannten. Kurz zuvor hatte das erzbischöfliche Generalvikariat den Bürgern die Erlaubnis erteilt, auf dem Berg eine Kapelle zu errichten. Warum hatte sich Bürgermeister Schmittmann mit aller Kraft

für den Bau eingesetzt? Der Legende zufolge lag seine Frau im Jahr 1684 an der Pest erkrankt im Sterben – am Karfreitag des Jahres galt sie jedoch als geheilt. Ihr Ehemann gelobte, auf dem Berg eine Kapelle bauen zu lassen. »Das ist wohl nur eine Legende«, sagt Jutta Törnig-Struck, Leiterin des Städtischen Museums Menden. Und erklärt dann die historischen Hintergründe der Kreuztracht.

Menden sei im 17. Jahrhundert von Katastrophen gebeutelt worden. Viehseuchen, ausbleibende Ernten, Überschwemmungen und Stadtbrände hatten Menden nachhaltig gezeichnet. »Es herrschte große Not. Das führte dazu, dass sich die Menschen mit dem Leiden Christi identifizieren konnten.« Ursprünglich von den Franziskanern in die Region gebracht, hatte der Brauch der Kreuzverehrung eine wichtige Bedeutung in Westfalen. Die Mendener Kreuztracht beginnt in jedem Jahr am Abend des Gründonnerstag um 21 Uhr mit der Jugendkreuztracht. Ab diesem Zeitpunkt wird das Kreuz von wechselnden Trägern zu jeder vollen Stunde auf den Berg getragen. Unterbrochen wird dieser Ablauf nur am Karfreitag. Die Mendener begehen die Todesstunde Jesu um 16 Uhr. Das Kreuz ruht von 15 bis 16 Uhr. Ebenfalls am Karfreitag findet die Hauptprozession statt. Die Kreuztracht endet am Karsamstag um sechs Uhr morgens.

Im Museum der Stadt Menden können sich Interessierte über die Tradition der Kreuztracht informieren. Auch Museumsleiterin Jutta Törnig-Struck wird gerne Auskünfte erteilen.

67

Industriemuseum Menden Gut Rödinghausen
Fischkuhle 15
58710 Menden-Lendringsen
02373 9038770
www.menden.de

ADELIGE INDUSTRIEGESCHICHTE

Industriemuseum Menden Gut Rödinghausen

Im Sommer 2019 war es endlich so weit. Gut Rödinghausen im Mendener Ortsteil Lendringsen öffnete wieder seine Tore. Das Herrenhaus wird in Zukunft aber nicht mehr adeligen Familien als Residenz dienen, sondern ein Museum beherbergen.

Die Anfänge des Gebäudes liegen im Jahr 1807. Caspar Ignaz von Dücker, Spross eines der bekanntesten Adelsgeschlechter Westfalens, ist stolz auf das repräsentative Gebäude, das nach seinen Plänen entstand. Von Dücker hatte aus England sowohl neue Industrieverfahren als auch seine Liebe für englische Landschaftsgärten mit in die westfälische Heimat gebracht. Hinter seinem neu erbauten Herrenhaus zwischen Hönne und einem angeschlossenen Wassergraben lässt von Dücker einen englischen Park anlegen. Ihn kann der Besucher noch heute durchstreifen – und es damit Annette von Droste-Hülshoff gleichtun. Ja, der Park des Gutes Rödinghausen erhielt auch einen literarischen Adelsschlag.

Die Familie von Dücker bekleidete im heimischen Westfalen eine Ausnahmestellung, denn sie beschränkte sich nicht auf repräsentative Aufgaben oder kam nicht nur viele Generationen lang dem Amt des Finanzministers am kurfürstlichen Hof in Arnsberg nach. Ganz bodenständig – wieder einmal typisch für die Region – betätigten sich die von Dückers als Unternehmer. Sie gründeten die Rödinghauser Eisenfabrique.

Was lag also näher, als aus dem Gut ein Industriemuseum zu machen, nachdem die Stadt Menden das Anwesen 2007 auf Erbpachtbasis erworben hatte? Rund 220 Quadratmeter stehen zur Verfügung, um 300 Jahre Mendener Industriegeschichte zu erzählen. Medien- und Mitmachstationen sollen dafür sorgen, dass die Geschichte nicht staubtrocken präsentiert, sondern lebendig wird und mit allen Sinnen erfahrbar ist.

Wechselausstellungen aus den Bereichen Kunst und Kulturgeschichte sowie Konzerte, Lesungen und Kleinkunstprojekte sollen das Angebot des Gutes Rödinghausen in Zukunft abrunden.

68

Das **Felsenmeer** befindet sich südöstlich von Hemer
Startpunkt: **Felsenmeer-Museum Hemer**
Hönnetalstraße 21
58675 Hemer
02372 16454
www.felsenmeer-museum.de

GOLDRAUSCH IM ZWERGENLAND

Felsenmeer

Wer in die zerklüfteten Felsformationen blickt, fühlt sich auch heute noch ganz klein. So klein wie ein Zwerg. Ein ganz berühmter Vertreter dieser Spezies soll der Sage nach im Sundwiger Wald und im Felsenmeer zu Hause gewesen sein: der Zwergenkönig Alberich. Er war Hüter und Herr der Schätze, die die anderen Zwerge in den unterirdischen Gängen des Felsenmeeres gefunden hatten. Gold, Silber, Edelsteine und Metalle sollen sie zutage gefördert haben. So ein Fund lässt sich nur schwer geheim halten. Auch die Riesen, die nicht weit vom Felsenmeer entfernt beheimatet waren, bekamen Wind vom Reichtum des kleinen Volkes und machten sich auf, des Schatzes habhaft zu werden. Doch Habgier wird bestraft – auch im Fall der Riesen. Die Zwerge versteckten sich in den tiefsten, dunkelsten Gängen. Nur Alberich trat den Riesen gegenüber, ließ durch einen Zauberspruch das steinerne Deckengewölbe der Felsenhalle einstürzen. Die Riesen lagen darunter begraben. Der Zwergenschatz war gerettet und das Felsenmeer gleich mit.

Das erzählt die Sage. Ob man sie glauben will oder nicht, bleibt jedem Besucher selbst überlassen. Ich habe sie als Kind nur zu gern gehört und auch für bare Münze genommen. Und noch heute liebe ich es, mir die flinken Männlein beim Schürfen und Hämmern vorzustellen, während ich über die Waldwege und Holzbrücken laufe, dem Rauschen der uralten Buchen lausche und in die Abgründe, Klüfte und Risse schaue.

Die weniger sagenhaften Fakten kenne ich mittlerweile natürlich auch: Die Entstehung des Felsenmeeres setzen die Geologen am Ende der Kreidezeit an, also ungefähr vor 100 Millionen Jahren. Höhlen bildeten sich – wie auch im restlichen Stadtgebiet Hemers. In den Höhlen begann im 8. Jahrhundert n. Chr. der Eisenerzabbau. Die Hämmer schwangen aber Menschen und nicht die Zwerge, das sagen zumindest die Wissenschaftler.

Weitere Informationen über die erdgeschichtliche und die industrielle Entwicklung der Region erhält man im Felsenmeer-Museum in Hemer-Sundwig.

69

Sauerlandpark Hemer
Nelkenweg 7
58675 Hemer
02372 551616
www.sauerlandpark-hemer.de

BLUMENPRACHT STATT MARSCHKOLONNEN

Sauerlandpark Hemer

Der Kalte Krieg hat einen Gewinner: Hemer. Seit 2010 ist dort aus einem hässlichen Kasernengelände ein blühender Garten geworden. Wer hätte das gedacht, dass Hemer einmal ein bekanntes und beliebtes Ausflugsziel werden sollte? Ich nicht. Obwohl ich doch ein Kind Hemers bin. Ich gebe es zu: Als ich zum ersten Mal von den Plänen des Bürgermeisters hörte, die Landesgartenschau in meine Geburtsstadt zu holen, dachte ich: Der spinnt. Als sich dann aber 2010 die Pforten für die LGS öffneten, da war ich schnell überzeugt: Das ist ein Treffer! Angst hatte ich nur vor dem Danach. Was macht man mit einem Gartenschaugelände von mehr als 27 Hektar?

Hemer hat einen Park daraus gemacht: den Sauerlandpark. Und der ist eine Mischung aus Freizeitgelände, Garten und Veranstaltungsort geworden. Am 16. April 2011 wurde er eröffnet und erfreut sich seitdem großer Beliebtheit bei den Besuchern. Und die kommen nicht nur aus der direkten Umgebung. Denn das Angebot an Veranstaltungen ist vielgestaltig und attraktiv. Zum Beispiel der Lichtgarten, der den Herbst zu einem Illuminationsspektakel macht. Farbige Wasserspiele, riesige Projektionen, Kunst und Leuchten – auf dem Weg hinauf zum Jübergturm, dem fast 24 Meter hohen Aussichtsturm und neuen Wahrzeichen Hemers, funkelt und glitzert es auf jede erdenkliche Art. Im Grohe-Forum, einer Veranstaltungshalle, in der rund 2.500 Besucher Platz finden können, wird die Bühne gerockt – gerne auch von Luxuslärm, den Lokalmatadoren aus Iserlohn, die die Charts stürmten und weit über das Sauerland hinaus bekannt sind.

Ich mag aber auch die ruhige Seite des Parks, die man auf ausgedehnten Spaziergängen in Richtung Deilinghofen und Felsenmeer finden kann. Dann kann man die Seele baumeln lassen – und die Natur genießen. Und die hat sich ihren festen Raum inmitten der alten Kasernen dauerhaft gesichert.

Der Freizeitwert des Sauerlandparks ist hoch. Im Sommer geht man zum Sonnenbad, Beachvolleyball oder zum Skaten dorthin. Im Herbst feiert man Oktoberfest.

70

Luisenhütte Wocklum
Wocklumer Allee
58802 Balve
02352 9667034
www.maerkischer-kreis.de

GLÜHENDE BEGEISTERUNG

Luisenhütte Wocklum

Rauchende Schlote im roten Abendlicht und Herbert Grönemeyers »verstaubte Sonne« – im idyllischen Hönnetal gibt es einen Hochofen, der all diesen Klischees nicht entspricht und doch der Urvater der Stätten der modernen Eisenproduktion ist. Vermutlich Mitte des 18. Jahrhunderts wurde in der Luisenhütte Wocklum erstmals Eisenerz verhüttet. 1853 und 1854 kamen ein Hochofen und eine Gießerei hinzu. Wir haben es hier mit der Geburtsstunde der industriellen Verhüttung in Deutschland zu tun. In Balve-Wocklum wurde mit Hilfe von Holzkohle Eisenstein in einer zehn Meter hohen Hochofenanlage verhüttet. Nur zehn Jahre ließ sich die Produktion dort gewinnbringend aufrechterhalten – dann begannen die mit Koks betriebenen, viel größeren Hochofenanlagen des Ruhrgebiets ihren Siegeszug. Die schwindende Bedeutung der Wocklumer Anlage hatte aber nicht ihren Abriss zur Folge. Als hätten die Besitzer eine Ahnung gehabt, dass sich in Balve-Wocklum industriegeschichtlich Bedeutendes ereignet hatte, beließen sie die Anlage in ihrem ursprünglichen Zustand und schafften so ein bundesweit bedeutendes Industriedenkmal. 2004 wurde die Luisenhütte zum Denkmal von nationaler Bedeutung erklärt und 2006 als einer der 365 Orte im »Land der Ideen« ausgewählt.

Die Luisenhütte spendiert den Märkern und weit angereisten Besuchern einmal im Jahr ein großes Fest und huldigt damit dem in der Erde Verborgenen sowie dem Eisen. Zu sehen sind – auch außerhalb der Festsaison – der Hüttenteich und die beiden Wasserräder, die die Energie für den Hochofen und den dazugehörigen Hammer lieferten. Bei niedrigem Wasserstand lieferte die Energie eine Dampfmaschine, die bis heute intakt ist. Ganz nebenbei kann der Besucher auch viel Interessantes und Wissenswertes über die Betreiberfamilie der Hütte lernen, die Familie der Grafen von Landsberg-Velen.

In der Nähe der Luisenhütte steht Wocklum, wo einmal im Jahr das weit über die Grenzen des Sauerlandes bekannte Reitturnier *Balve Optimum* stattfindet.

71

Balver Höhle
Helle 2
58802 Balve
02375 926190
www.balver-hoehle.de

Festspiele Balver Höhle
Garbecker Strasse 5
58802 Balve
02375 1030
www.festspiele-balver-hoehle.de

SCHÜTZEN UND THEATERDONNER

Balver Höhle

Sie waren schon alle hier: das Wollnashorn, Justus Frantz, die Fantastischen Vier – und Zukunftsforscher Horx. Der dachte an prähistorischer Stätte einmal laut über die Zukunft der Menschheit nach. Wo er das tat? In der Balver Höhle, der Stadthalle der Hönnestadt, die die Natur den Bürgern kostenlos vermacht hat – nur für die Instandhaltung muss gezahlt werden. Das tun die Schützen, die sich auch mit großem persönlichen Engagement für die Höhle einsetzen. Ihre Feier, das Schützenfest, ist das gesellschaftliche Ereignis im Jahreskalender.

Während der Würm-Eiszeit war die Balver Höhle kein Veranstaltungsort, sondern Wohnhaus – oder besser: Unterschlupf. Eine Handvoll Neandertaler war dort zu Hause. Forscher fanden bei archäologischen Grabungen Zeugnisse von sieben menschlichen Siedlungsepochen – und Hinweise auf tierische Bewohner. Das Wollnashorn machte sich dort angeblich auch breit. Ob die beiden Spezies friedlich und gleichzeitig in der Höhle Quartier suchten – dafür ist die Indizienlage zu spärlich. Auch Höhlenzeichnungen wurden in Balve bisher nicht entdeckt. Dennoch ist die Höhle ein sehenswerter Ort und bietet Anlass für einen Superlativ: Sie ist Europas größte Gebirgshalle und wird aufgrund ihrer enormen Größe Felsendom genannt.

Messen werden hier aber nur selten gelesen. Stattdessen leuchten hier Kinderaugen. Denn: Ein umtriebiger Verein sorgt Jahr für Jahr dafür, dass hier die Klassiker der Kinderbuchliteratur auf der Höhlenbühne lebendig werden. Ob Ronja Räubertochter, Peter Pan oder die Märchenfiguren der Brüder Grimm – alle Helden der Kinderzimmer besuchen nach und nach die Höhle. Für die Erwachsenen kommen besagter Justus Frantz, die vier Rapper aus Stuttgart – und Folk-Größen aus aller Welt, die für ein Wochenende den Charme und die Klänge der grünen Insel Irland in die Höhle bringen.

Während der Zeit des Zweiten Weltkriegs waren im Innern der Balver Höhle ein Militärdepot und eine große Rüstungsfabrik untergebracht.

72

Katholische Pfarrei St. Blasius zu Balve
Kirchplatz 4
58802 Balve
02375 2223
www.pv-balve-hoennetal.de

Göttliche Geometrie

Kirche St. Blasius

Ravenna, Aachen, Balve – da haucht den Besucher Weltgeschichte an. Karl der Große sah Theoderich den Großen als sein kaiserliches Vorbild an – und dessen schönste Kirche, San Vitale in Ravenna, lieferte das achteckige Grundkonzept für den ebenfalls prächtigen Aachener Dom. Und was hat das mit Balve zu tun? Nun, der Erweiterungsbau der romanischen Pfarrkirche aus dem 10. beziehungsweise 12. Jahrhundert stammt vom Aachener Dombaumeister Josef Buchkremer, der offensichtlich den achteckigen Kuppelbau der Pfalzkapelle in Aachen vor Augen hatte – und damit auch die Kirche in Ravenna. Natürlich denkt der Kenner an noch ein drittes Gotteshaus, das als Vorbild gedient haben könnte: den Felsendom in Jerusalem.

Die beeindruckendsten Relikte der ursprünglich romanischen Ausstattung der Kirche sind die gut erhaltenen Fresken – allen voran Christus als Weltenrichter, der die Apsis der Kirche beherrscht. Gottes Sohn ist nicht allein. Maria und Johannes der Täufer, der heilige Nikolaus und St. Blasius als Kirchenpatron umgeben den Herren der Welt. Im südlichen Seitenschiff wird zudem die Legende des heiligen Nikolaus erzählt – eine überaus sehenswerte Bildergeschichte, die die vielen Jahrhunderte seit ihrer Entstehung gut überdauert hat. Auch St. Blasius ist in einer Skulptur anwesend. Vor ihm kniet eine Frau, die dem Heiligen ihren Sohn entgegenstreckt. Dieser drohte an einer Fischgräte zu ersticken – doch Sankt Blasius rettete ihn. Noch heute ist es Sankt Blasius, der in Balve und dem Rest der Welt als die beste vorbeugende Medizin gegen Halsbeschwerden gilt. Wie weit der Glaube reicht, zeigt sich in unserer Familie: Eine Kusine meiner Mutter fürchtete nichts, noch nicht einmal die Gräten eines Bratherings. »Mir kann doch nichts passieren, ich habe doch den Blasius-Segen!«

Frisch renoviert und in neuem Glanz steht das Gotteshaus zentral im historischen Ortskern Balves – ein Spaziergang rund um die Kirche ist ein Muss für den Besucher.

73

Spaziergang durch die Altstadt

Ab Rathaus Stadtverwaltung Neuenrade
Alte Burg 1
58809 Neuenrade
02392 6930
www.neuenrade.de

BLAUPAUSE FÜR NEW YORK

Spaziergang durch die Altstadt

Wie man Städte plant, wussten die Neuenrader schon 1353, als Peter Stuyvesant noch nicht einmal an die Gründung von New York denken konnte. Klar strukturiert, ein sauberes Rechteck, nach außen abgerundet, gerade durchzogen von drei Straßen, eine Mauer als Abschluss. Das war Neuenrade. Und ist es auch heute noch. Wer nicht die Möglichkeit hat, vom Flugplatz Neuenrade-Küntrop zu einem Rundflug über die Stadt zu starten, hat direkt neben dem Neuenrader Rathaus eine zweite Chance. Hier findet er in Bronze gegossen ein Modell der schachbrettartig angelegten einstigen Festungsstadt mit ihren durchnummerierten Straßen – auch hier denkt der Globetrotter an New York und »Streets« und »Avenues«.

Den Neuenradern von heute macht vor allem die Erste Straße Kummer. Sie ist die Durchgangsstraße von Werdohl nach Balve und leidet massiv unter dem Durchgangsverkehr. Neuenrades Bürgermeister versuchen seit fast einem Jahrhundert, Reichs- und Bundeswegepläne dahin gehend zu beeinflussen, eine Umgehungsstraße zu bauen. Wer links und rechts der Ersten Straße die Zweite und Dritte Straße besucht, findet eine gemütliche Altstadt, die einmal im Jahr Schauplatz eines der traditionsreichsten Feste im ganzen Kreis wird. Am Wochenende rund um den Gertrudistag, am 17. März, feiern die Neuenrader das *Gertrüdchen*, einen Pferde-, Kram- und Jahrmarkt. Die Tradition des Festes geht bis ins Jahr 1355 zurück – damals erhielt Neuenrade die Stadtrechte.

An einer anderen Stelle der Ersten Straße findet der Besucher einen kleinen Park mit der Villa am Wall – ein Veranstaltungsort für Kleinkunst und Hochzeiten. Für große Kulturveranstaltungen steht der Saal des Hotels Kaisergarten zur Verfügung.

Neuenrades Bürgermeister Klaus Peter Sasse ist bereits seit 1999 im Amt. Sein Vorgänger Hans Schmerbeck brachte es auf stattliche 35 Dienstjahre.

74

Kulturbahnhof Werdohl
Bahnhofsplatz 1–3
58791 Werdohl
www.kleineskulturforum.de

HIER KOMMT DIE KULTUR ZUM ZUG

Kulturbahnhof Werdohl

Multitasking ist schon seit langer Zeit in aller Munde. Da war es nur eine Frage der Zeit, bis auch der Werdohler Bahnhof seine Fähigkeiten unter Beweis stellte und zeigte, dass er weit mehr kann, als Züge zum Halten zu bringen. In Werdohl wird im Bahnhof Kultur gemacht. Ausstellungen, Konzerte, Vorträge, Lesungen, Kabarett – hier ist für jeden Geschmack etwas dabei. Für den bunten Veranstaltungsreigen zeichnet das Kleine Kulturforum Werdohl verantwortlich. Die Initiative für die Vereinsgründung im Jahr 2002 geht auf den ehemaligen Werdohler Bürgermeister Manfred Wolf zurück. Das Ziel des Vereins war und ist es, die Stadt Werdohl im Kulturbereich durch ehrenamtliches Engagement zu entlasten, denn: Auch in Werdohl ist das Stadtsäckel nicht üppig gefüllt. Der Verein hat sich die Förderung von Kunst und Kultur auf die Fahnen geschrieben – und der internationalen Gesinnung und Integration. Dies ist sogar in der Vereinssatzung nachzulesen. All das tun die Vereinsmitglieder im Bahnhof der Stadt. Und der kann sich nach der großen Renovierung und Restaurierung wahrlich sehen lassen.

Erbaut wurde das Empfangsgebäude des Bahnhofs kurz vor dem Ausbruch des Ersten Weltkrieges und ist mit seinen neobarocken Formen ein anschauliches Zeugnis für die repräsentative Bahnhofsarchitektur dieser Zeit. Gleichzeitig zeigt der Bau auch, welche wirtschaftliche Bedeutung Werdohl zu dieser Zeit hatte. Am 6. August 1861 wurde die Bahnstrecke der Bergisch-Märkischen Eisenbahn von Altena über Finnentrop nach Siegen eröffnet. Der Bahnhof ist ein lebendiges Dokument der Verkehrs- und Wirtschaftsgeschichte Werdohls und der Region. Der Ausbau des Schienenverkehrs gab der hiesigen Metall-, Draht- und Kleinwarenindustrie einen immensen Aufschwung.

Das Stadtmuseum Werdohl ist ebenfalls im Kulturbahnhof untergebracht. Hier kann man neben anderen Themengebieten auch dem Zusammenhang von Schienenverkehr und Metallindustrie weiter nachgehen.

RUND UM SOEST

75

Stadtrundgang
Ab Domplatz
59494 Soest

Tourist Information Soest
Teichsmühlengasse 3
59494 Soest
02921 1036110
www.soest.de

DIE MACHT DER HANSE LÄSST GRÜSSEN

Stadtrundgang

Handel – das war und ist des Soesters Sache. In den Zeiten der Hanse blühte die Stadt. Sie war ein Ort der Macht, des Einflusses, des gut gefüllten Stadtsäckels. Vom einstigen Reichtum kann ich noch heute Zeugnisse finden. Das Rathaus zum Beispiel, ein eindrucksvoller Barockbau mit einer neunbogigen Halle, das heute für Heiraten und Open-Air-Veranstaltungen eine wunderbare Kulisse bietet.

In direkter Nähe steht der St.-Patrokli-Dom. Mehr als 1000 Jahre hat das Gotteshaus auf dem Buckel und ist eines der bedeutendsten romanischen Bauwerke in der gesamten Region. 1166 weihte der Kölner Erzbischof Rainald von Dassel den Dom ein. Unter dem Altar des Doms liegen in einem verzierten Schrein aus dem Jahr 1313 die Reliquien des heiligen Patroklus. Hinter dem Altar zeigt die Apsis ein großes Christusbildnis.

In der Nähe des Doms finde ich den Platz Am Vreithof mit vielen Fachwerkhäuschen, Lädchen und Cafés. Hier sitzen die Soester sommers auf bequemen Stühlen, sehen und werden gesehen und genießen die südlich anmutende Atmosphäre der Stadt. Ich gehe weiter zur Wiesenstraße und dann zum Großen Teich mit der gelben Treppe, die in den Weiher führt. Hier wurden in alten Zeiten Schurken zu Läuterungszwecken ins Wasser gewippt – heute gebührt die Ehre bekannten Soestern, die stolz von ihrer »Taufe im Teich« sprechen.

In der Ferne über den Dächern ragen die zwei Türme der St. Maria zur Wiese in den Himmel. Sie gilt als schönste Kirche der Stadt. Das spätgotische Gotteshaus öffnet sich zu einer großen, 27 Meter hohen Halle. Die Besonderheit: Das um 1500 entstandene Westfälische Abendmahl. Jesus und seine Jünger sitzen um einen Tisch, auf dem keine der westfälischen Spezialitäten fehlt: Schinken, Schweinskopf, Bier, Schnaps und Pumpernickel. Mit dem dunklen Brot betreibt die Bäckerei Haverland heute noch Handel.

Stärken kann man sich sommers wie winters hervorragend in der Brauerei Christ. Von der deftigen Ofenkartoffel bis hin zum edlen Carpaccio reicht die Speisekarte.

76

Rittersche Buchhandlung
Grandweg 1
59494 Soest
02921 4641
www.rittersche.de

ELDORADO FÜR BÜCHERWÜRMER

Rittersche Buchhandlung

Eins weiß ich immer ganz genau: Ohne Lesestoff werde ich die Rittersche garantiert nicht verlassen. Zu üppig ist das Angebot, zu verführerisch die Auslagen. Ich liebe Bücher – und wo sie sind, fühle ich mich wohl und zu Hause. Und dieses Zuhause ist rundum nach meinem Geschmack. Ecken, Nischen, Ruheplätze laden ein zum Schmökern. Stoff gibt es mehr als genug. Aktuelles findet hier in trauter Eintracht neben Klassikern Platz. Einziges Kriterium: Gut muss es sein. Und das gilt nicht nur für Bücher auf Deutsch. Auch Taschenbücher in englischer, französischer und spanischer Sprache finden sich in den Regalen.

Seit der Gründung im Jahr 1836 setzt man in der Ritterschen Buchhandlung auf gute Beratung und den ganz persönlichen Kontakt zum Kunden. Daher verdankt sich der hervorragende Ruf, den die Buchhandlung auch über die Grenzen Soests hinaus genossen hat und immer noch genießt. Seit nunmehr 21 Jahren führt Gundula Rohe die Buchhandlung – und das mit viel Erfolg. Die gelernte Bibliothekarin beerbte ihre Tante Dorothee Merseburger-Zahrnt. Die Tante fragte und Gundula Rohe sagte Ja – Ja zum Geschäft und Ja zu den Büchern. Sie glaubt an die Macht des gedruckten Wortes und daran, dass die Menschen sich der Faszination, die von Büchern ausgeht, nicht entziehen können und wollen. Blumentöpfe, Seife oder Wolldecken suche ich im Sortiment der Ritterschen Buchhandlung umsonst. Was nicht mit Büchern, vor allem den »schönen Büchern«, Romanen und Erzählungen also, zu tun hat, das passt auch nicht zur Ritterschen. Hier setzt man auf Qualität, auf individuelle Lesetipps. Gundula Rohe und ihr Team verbindet mit ihren Kunden eine gemeinsame Leidenschaft: das Lesen. Hier wird persönlich empfohlen – oftmals weitab von den offiziellen Bestsellerlisten. Was den Charme und das Besondere der Ritterschen ausmacht und mich immer aufs Neue anzieht.

In der Ritterschen finden regelmäßig Lesungen und Buchtipp-Veranstaltungen statt. Diese werden auf der Internetseite der Buchhandlung angekündigt.

77

Grünsandsteinmuseum
Walburgerstraße 56
59494 Soest
02921 15011
www.gruensandsteinmuseum.de

GRÜN WIE DIE HOFFNUNG

Grünsandsteinmuseum

»Grün, grün, grün sind alle meine Farben.« Im Grünsandsteinmuseum lässt sich dieses Lied trefflich singen. Die Soester haben dem alles beherrschenden Baumaterial ihrer Region ein Denkmal gesetzt und ein Museum geschaffen, das ganz anders ist, als man Museen landläufig kennt. Hier gibt es keine Kasse, keine Museumsangestellten, die darüber wachen, dass die Besucher die Exponate nur mit den Augen streifen und nicht den Händen berühren. Hier herrscht Museumsanarchie: Hier macht der Erste das Licht an und der Letzte das Licht aus. In der Zwischenzeit gibt es jede Menge Interessantes zu gucken.

Am Eingang wird der Gast von einem Koloss in Grün empfangen. Sanfte Augen hat der Dinosaurier – »Schmusedino« sagt der kleine Mann neben mir und streichelt das Steinkuscheltier behutsam und ausdauernd am Hals. Weiter geht es ins Haus, wo man im Erdgeschoss vieles über die Fundorte und die heutige Verwendung des Grünsandsteins erfahren kann. Schnell wird klar: Das Meer hat seine Hand im Spiel gehabt, als der Grünsandstein entstand. Haifischzähne, Seeigel und andere Fossilien erzählen von einer Geburtsstunde im Wasser. Steigt der Besucher die herrlich ausgetretenen, laut knarrenden Stufen in die oberen Stockwerke hinauf, kann er sehen, was Künstler und vor allem Baumeister in der Vergangenheit mit dem grünlich schimmernden Baustoff anzustellen wussten. Steinmetzarbeiten unterschiedlichster Machart sind hier zu bestaunen – und ein Modell der mittelalterlichen Baustelle Wiesenkirche. Ja, das berühmte Gotteshaus der Soester wurde auch aus Grünsandstein erbaut. Und hier im Museum kann der Interessierte eintauchen in die Geschichte und wie die Baustelle samt der Bauhütte der Steinmetze ausgesehen haben muss.

Eines steht nach dem Besuch fest: Soest und seine Gebäude sieht man nun ganz anders – durch die grüne Brille!

Mehr Wissenswertes und Spannendes über den Grünsandstein, seine Geschichte und Verarbeitung zeigt ein Film, den der Museumsbesucher selbst starten kann.

78

Wirtschafts- und Tourismus Gmbh Möhnesee
Hauptstraße 19
59519 Möhnesee
02924 981391
www.moehnesee.de

LANGER KAMPF UM DAS WASSER

Möhnesee

Man schreibt das Jahr 1883. Es ist ein trockenes Jahr – und Wasser ein begehrtes Gut. Auch im Sauerland. Die Menschen brauchen Trinkwasser und die Maschinen in den Hammer- und Walzwerken, Schmieden, Drahtziehereien, Papiermühlen und Sägewerken sind ebenfalls auf das kostbare Nass angewiesen, denn ohne es gibt es keine Antriebskraft. Es muss gehandelt werden. Aus diesem Grund kommen viele Triebwerksbesitzer aus dem Lenne- und oberen Ruhrgebiet zusammen. Das gemeinsame Ziel: Eine Talsperre soll her. Das Ansinnen scheitert, weil bei den Befürwortern das Geld fehlt und bei den Gegnern das Einsehen in die Notwendigkeit. Acht Jahre später: Die Gesetzeslage hat sich geändert. Das preußische Wassergenossenschaftsgesetz zwingt nun auch die Unwilligen, ihren Beitrag zu leisten. 1913 ist die Möhnetalsperre fertiggestellt. Sie ist die größte Stauanlage Europas.

Ein neuer Zeitsprung von 30 Jahren in die Endphase des Zweiten Weltkriegs. Die Alliierten wollen Nazi-Deutschland in die Knie zwingen. Jedes Mittel ist recht, um dieses Ziel zu erreichen. Und so fallen in der Nacht zum 17. Mai im Rahmen der *Operation Chastise,* zu Deutsch »Züchtigung«, britische Bomben auf die Möhnetalsperre. Die Staumauer bricht. Ein verheerendes Hochwasser kostet mehr als 1.600 Menschen rund um den Möhnesee das Leben. Tragisch ist daran auch, dass vor allem Zwangsarbeiter und Kriegsgefangene zu den Opfern der Möhne-Katastrophe zählen. Der Wiederaufbau beginnt sofort. Tausende von Zwangsarbeitern arbeiten in der Folgezeit an den Reparaturen, die bereits im Oktober 1943 abgeschlossen werden können.

Heute ist von dem schwierigen Start und der Zerstörung nicht mehr viel zu sehen. Die Möhne feierte 2013 ihren 100. Geburtstag und erfreut sich großer Beliebtheit bei den Besuchern. Vor allem auch bei Surfern, Tauchern und Seglern.

Seit 2012 verbindet die Herz-Route, eine 55 Kilometer lange Radstrecke, Soest, Bad Sassendorf und Möhnesee. Die Route liegt abseits belebter Straßen.

79

Skulpturenpfad westlich des Möhnesees
Startpunkt: Wegmarke Galgenvögel
Werler Landstraße/
Im Scheuning
59494 Soest-Ampen

Informationen:
Kulturbüro Soest
Hugo-Kükelhaus-Weg 12
59494 Soest
02921 82712
www.wegmarken-am-hellweg.de

GALGENVÖGEL IM ROT DER ABENDSONNE

Skulpturenpfad

Was, mit Verlaub, wie der Titel eines expressionistischen Gedichts klingt, ist greifbare Wirklichkeit geworden. Zumindest wenn Tages- und Jahreszeit mitspielen. Ich habe jedenfalls Glück und kann die *Galgenvögel* in diesem herrlichen Licht genießen. Sie sind nur eine der elf Stationen des Skulpturenpfades, der sich zwischen Möhnesee und Soest erstreckt. Errichtet wurde er von 1998 bis 2001 – als Sammlung künstlerischer Wegmarken. Die gab es schon immer am Hellweg, dieser uralten Handelsroute – natürlich nicht in künstlerischer Form. Der Mensch braucht Orientierungshilfen. Schön und inspirierend, wenn sie so kunstvoll daherkommen wie auf dem Pfad der Skulpturen.

Besonders angetan haben es mir, wie schon gesagt, die *Galgenvögel* von Fritz Risken. An der Werler Landstraße in Soest-Ampen findet sich eine ehemalige Hinrichtungsstätte. Sinnigerweise heißt das Flurstück heute noch »Am Galgen«. Und wenn man dann noch den Hinweis erhält, dass auf dem Acker Rüben wachsen – dann ist man sich auch klar, wie Fritz Risken zu seinem Kunstwerk und dem dazugehörigen Titel kam. Mächtig steht es da, dieses Monument aus Stahl. Engel und Teufel buhlen um einen Menschen, versuchen ihn offensichtlich zu becircen, auf ihre Seite zu ziehen. Wind und Wetter haben diese Wegmarke in den vergangenen Jahren bereits gegerbt, eine eindrucksvolle Patina über diese Verführungsszene gelegt.

Einen Besuch wert sind aber alle Skulpturen, die entlang des Hellwegs zu finden sind. Ob die *Flügelbilder,* wieder von Fritz Risken, oder der *Ring der Kraft* und die *Himmelskörper* von Manfred Billinger, die *Kubus-Skulpturen* von Renate Geschke oder der *Erkenntnisprozess* von Kord Winter: Alle Kunstwerke wecken Assoziationen und schaffen ein einmaliges Wandererlebnis.

Um die Schönheit des Pfades auch im Bild festzuhalten, wurde ein Fotowettbewerb ausgeschrieben. Die prämierten Fotos wurden als Postkartenserie aufgelegt.

80

Nach dem Gang durch das **Gradierwerk** folgt das Bad in der **SoleTherme Bad Sassendorf**
Gartenstraße 26
59505 Bad Sassendorf
02921 5014600
www.soletherme-badsassendorf.de

SALZ LIEGT IN DER LUFT

Gradierwerk

Genau wie das Schwimmen im angrenzenden Thermalbad gehört für mich seit Kindertagen ein Gang durch die Salinen im Kurpark von Bad Sassendorf zum »kleinen« Wochenend-Wellnessprogramm. Hier macht das Durchatmen Spaß – und gut tut es auch. Im Frühling, Sommer und Herbst gemütlich auf einer Bank vor den großen Dornwänden zu sitzen, die Augen zu schließen und die Lunge mit der salzgeschwängerten Luft zu füllen – für mich ein kleiner Urlaub im Alltag. Das Gerüst, das sich in den Dornwänden verbirgt, ist groß – 60 Meter lang und zehn Meter hoch. Gedeckt ist es mit Schwarzdornbündeln, die ausgewechselt werden müssen, wenn die Salzkrusten zu dick werden. Dann kann die Sole, die mit Pumpen auf den Wänden verteilt wird, nicht mehr richtig verdunsten – und ihre wohltuende Wirkung nicht mehr freisetzen. Denn Sole tut gut. Für Asthmatiker und Pollenallergiker ist sie eine Wohltat.

Salz hat in Bad Sassendorf eine lange Tradition. Hier wurde das »weiße Gold« jahrhundertelang produziert und verkauft. Den ersten Hinweis auf die Salzgewinnung gibt eine urkundliche Erwähnung aus dem 12. Jahrhundert. Als Heilmittel und für Bäder dient die Sole seit dem 19. Jahrhundert. Das Gradierwerk wurde im Jahr 1960 gebaut. 58 Jahre später wurde es abgerissen. Ende Juni 2019 konnte das neue Gradierwerk eingeweiht werden. 73 Meter ist es lang, auf drei Ebenen beherbergt es eine Sauna, eine Bühne, einen Anschluss an die Therme und vieles mehr, was es, wie die Betreiber stolz betonen, zu etwas weltweit Einzigartigem macht. Das Gradierwerk bietet Erholung und Entspannung. Entspannend wirkt auch ein Spaziergang durch den Kurpark. Im Rosengarten blühen rund 140 verschiedene Arten der Königin der Blumen. Eine Duftdusche, die – mit geschlossenen Augen – einer Reise in den Orient gleicht, darf man sich nicht entgehen lassen. Und auch ein Besuch des Rhododendren-Parks und des Klanggartens gehört zum Pflichtprogramm.

Skulpturen und Brunnen – ein Augenschmaus sind die Kunstobjekte im Kurpark. Ob die Schöne mit Hut oder die Kinder mit Vogel – Freude bereiten sie alle.

81

In der **Seilerei** kann man an Aktionstagen Handwerkern bei der Arbeit zuschauen
Seilerweg 3
59602 Rüthen

Informationen:
Förderverein Heimatpflege und traditionelles Brauchtum Rüthen
Ritterstraße 22
59602 Rüthen
02952 2121
www.handwerkerdorf-ruethen.de

HANDWERKSGESELLEN ZEIGEN IHR KÖNNEN

Handwerkerdorf

Ob sich die vier Männer wohl haben träumen lassen, dass ihr Engagement für die 800-Jahrfeier der Stadt Rüthen in den Bau des historischen Handwerkerdorfes münden würde? Rolf Gockel, Ulrich Ohrmann, Wolfgang MacDonald und August Becker haben viel Zeit in ihre ehrenamtliche Arbeit gesteckt – die sich wahrlich gelohnt hat. Der Förderverein Heimatpflege und traditionelles Brauchtum Rüthen hat in den vergangenen Jahren schon vieles gestemmt. Los ging es im Jahr 2003 mit der Eröffnung des Seilereimuseums.

Der Aufwand, das alte Gebäude wieder herzurichten, hat viel Zeit und Arbeit in Anspruch genommen. Heute können Gäste bei Vorführungen erleben, wie früher Seile hergestellt wurden. Zahlreiche alte Geräte, Maschinen und Werkzeuge laden zu einer wahren Zeitreise in die Vergangenheit ein, in der man noch weit entfernt war von der modernen Wegwerfgesellschaft und ihrer High-Tech-Warenproduktion.

Tatsächlich hat das Seilereigewerbe in Rüthen eine lange Tradition. 1848 verzeichnete man sechs verschiedene Betriebe dieser Zunft. Nach dem Erfolg der Seilerei wollte der Verein noch höher hinaus und nahm die Planung und Umsetzung eines Handwerkerdorfs in Arbeit. Gelder flossen hierfür unter anderem auch von der NRW-Stiftung und von privaten Sponsoren. So wurde der Aufbau einer Kettenschmiede möglich, einer Steinmetzwerkstatt und einer Stellmacherei. Im November 2007 öffnete das Handwerkerdorf zum ersten Mal seine Pforten für interessierte Besucher.

In einer Dauerausstellung wird im Handwerkerdorf auch der Baustoff gewürdigt, der für den Kreis prägend ist: der Grünsandstein. Informationen über geologische Strukturen, Schürfregelungen, die Entwicklung der Abbautechniken und Verarbeitungsformen zeigen den ganz besonderen Stein von vielen Seiten.

Im Rahmen von Handwerkertagen stellen auch regelmäßig Zimmerleute, Schreiner, Korbflechter, Besenbinder, Dachdecker und Maler ihr Können unter Beweis.

82

Hexenturm
Seilerweg
59602 Rüthen

Informationen:
Touristik- und Stadtmarketing Rüthen
Hochstraße 14
59602 Rüthen
02952 818172
www.tourismus-ruethen.de

ZEUGNISSE AUS FINSTEREN ZEITEN

Hexenturm

Die Rüthener meinen es ernst, wenn es darum geht, die eigene Geschichte schonungslos aufzuarbeiten. Und die ist alles andere als nur schön und repräsentabel. Hier zuerst einmal die puren Fakten: Während der Zeit der Inquisition wurden im sauerländischen Rüthen mehr als 100 Menschen auf grausame Weise umgebracht, weil man ihnen unterstellte, vom wahren Gottesglauben abgefallen zu sein und nun treu ergeben dem Teufel zu dienen. Imposant und erschreckend sind die Folterwerkzeuge, die ich überall im Hexenturm erblicken kann. Folterzangen hängen an den Wänden, an der Wand steht ein Stuhl, der wohl bequem sein könnte, wenn nicht die pyramidenartigen Spitzen wären, die auf Sitzfläche, Rücken- und Armlehne und auf dem mit dem Stuhl verbundenen Fußbrett zu finden sind. Nicht auszudenken, welche Pein es bedeutet haben muss, auf diesem Stuhl zu sitzen.

So muss es wohl auch der angeblichen Hexe Grete Eickhoff gegangen sein. Ihr Schicksal ist beeindruckend. Schon ihre Mutter sahen die Kirchenoberen im Bunde mit dem Teufel stehen – sie wurde als Hexe hingerichtet. Vier Jahre später war der Tochter ein grausames Ende beschieden.

Mich schaudert beim Gang durch dieses Gruselkabinett – weil der Schrecken real und nicht dem Erfindungsreichtum eines Erzählers entsprungen ist. Hier geht es um eines der unrühmlichsten Kapitel der Kirchengeschichte. Hier wird die Geschichte von Aberglauben, Verblendung und blindwütigem Morden erzählt – ungeschminkt und schmerzhaft wahrhaftig. Gut, dass es einen winzigen Hoffnungsschimmer in all dem Dunkel gab: Ein Bronzerelief des Düsseldorfer Künstlers Bert Gerresheim zeigt Friedrich Spee von Langenfeld und Michael Stappert. Beide Männer gelten als mutige Kämpfer gegen den Wahnsinn der Hexenverfolgung.

Trotz der heutigen Hexen im Turm: Im Rüthener Hexenturm wurden keine Hexen gefoltert, sondern ganz gewöhnliche Verbrecher inhaftiert.

83
Informationen zum
Jüdischen Friedhof:
Stadtarchiv Rüthen
Hachtorstraße 24
59602 Rüthen
02952 89140
www.ruethen.de

EWIGE RUHE IM HAUS DER GRÄBER

Jüdischer Friedhof

Im Haus der Gräber ist die Ruhe immerwährend. Die Totenruhe endet auf einem jüdischen Friedhof nie – undenkbar, dass eine Grabstelle geräumt wird, wie dies auf christlichen Friedhöfen regelmäßig der Fall ist. Aber aus diesem Grunde müssen jüdische Friedhöfe geschlossen werden, wenn das letzte Grab belegt wurde. Auf dem Rüthener Friedhof in der Nähe des Hachtores wurde das jüngste Grab im Jahre 1958 angelegt – seitdem ist die Begräbnisstätte dem jüdischen Usus folgend verwaist.

Ich sehe kleine Steinchen auf den großen Grabsteinen liegen. Während Christen Blumen auf die Gräber stellen, hinterlassen Juden Steine. Ein Brauch, der für mich zwar fremd, aber von beeindruckender Symbolik ist. Wie dies ohnehin eine jede Kultstätte von jüdischen Gemeinden in Deutschland ist. Der im Jahr 1625 angelegte Friedhof ist die älteste jüdische Begräbnisstätte in Westfalen, die noch in ihren Originalstrukturen erhalten ist. Die Datierung zeigt: Jüdische Siedlungen haben in Rüthen Tradition – die Gemeinde wurde 1942 durch die Nazis vernichtet. Ist es allein dieser grausame Teil der deutschen Geschichte, der uns an einem Ort wie diesem zwingt, still zu sein, innezuhalten? Oder hat dieser Friedhof mit seiner großen Rasenfläche und den Grabsteinen nicht darüber hinaus einen Sog, eine Kraft? Fragen, auf die ich keine Antwort finde – die an diesem Platz aber einen immer neuen Besuch lohnen.

Einmalig ist der Friedhof ohnehin: Er gehört aufgrund der erhaltenen Gestaltung zu einem Kulturdenkmal mit einer Strahlkraft, die weit über das Sauerland und Westfalen hinausgeht. Seit 2009 werden die Grabstätten von der Stadt Rüthen in Zusammenarbeit mit dem Duisburger Steinheim-Institut für deutsch-jüdische Geschichte erforscht.

Einen weiteren jüdischen Friedhof findet man in Oesterheiden. Hier sind nur noch vier Grabsteine auf einer Rasenfläche von rund 50 Quadratmetern erhalten.

84

Schloss Körtlinghausen
Körtlinghausen 5
59602 Rüthen-Kallenhardt
02902 97950
www.schloss-koertlinghausen.de

SOMMERERINNERUNGEN UND WASSERSPIELE

Schloss Körtlinghausen

Imposant muss sie gewesen sein, dafür sprechen schon ihre Maße: 1.100, 22, 12,4. Nein, nein, hier ist nicht von Deutschlands mächtigster Matrone die Rede, sondern von der größten Eiche Deutschlands. Die stand in Körtlinghausen rund 1.100 Jahre in der Erde, war zu ihren besten Zeiten 22 Meter hoch und hatte einen satten Umfang von 12,4 Metern. Weit über die Grenzen Rüthens hinaus bekannt ist der Name Körtlinghausen aber nicht nur für seine Eiche – die heute auch nicht mehr in der Erde wurzelt –, sondern vor allem für sein wunderschönes barockes Wasserschloss.

Ich wandle hier im Tal des Flusses Glenne nordwestlich von Kallenhardt auf den Spuren meiner Mutter. Sie ist schuld, dass Schloss Körtlinghausen zu meinen Lieblingsplätzen gehört. Denn sie war hier. Sie verliebte sich in das idyllische Schlösschen mit Wassergraben – damals, im August 1951, sie zählte frische 14 Lenze. Damals beherbergte das Anwesen Flüchtlinge. Und für die spielten meine Mutter und ihre Jungschar-Freundinnen Theater. Zehn junge Mädchen nächtigten auf den Brettern, die die Welt bedeuten. Tagsüber genossen sie die hochherrschaftliche Atmosphäre – und gerieten dabei auf Abwege. Ohne Erlaubnis, so meine Mutter, kaperten sie einen schon in die Jahre gekommenen Kahn, mit dem sie auf dem Wassergraben umherschipperten.

Die Mädchen sind längst erwachsen, der Kahn hat das Zeitliche gesegnet und Flüchtlinge wohnen auch nicht mehr hier. Das Wasserschloss Körtlinghausen wird heute für festliche Veranstaltungen und Tagungen genutzt. Doch die Vergangenheit ist noch immer präsent, erzählt von Oberjägermeister Freiherr Franz Otto von und zu Weichs, der das Schlösschen nach den Bauplänen Justus Wehmers im Jahre 1714 errichten ließ. Und von den Freiherren von Fürstenberg, die 1830 Besitzer des Anwesens wurden und dies immer noch sind.

Die zum Schloss gehörende Kapelle ist der heiligen Maria Magdalena geweiht. An der Decke findet sich ein Gemälde der Heiligen, das um 1727 entstanden sein soll.

85

Warsteiner Internationale Montgolfiade
Domring 4–10
59581 Warstein
02902 881400
www.warsteiner-montgolfiade.com

VIEL MEHR ALS HEISSE LUFT

Ballonfestival *Montgolfiade*

Es gibt Anblicke, die vergisst man sein Leben lang nicht. Wenn man abends auf dem Festivalgelände am Hillenberg in Warstein steht und mehr als 30 Hüllen von Heißluftballons zum »Night-Glow« erglühen, dann ist das ein magischer Moment mit Gänsehautgarantie. Spätestens jetzt hat man den dringenden Wunsch, bei nächster Gelegenheit einzusteigen und selbst mitzufahren.

Kein Problem! Alljährlich findet in Warstein bereits seit Anfang der 90er-Jahre die *Montgolfiade* statt – eine neuntägige Großveranstaltung mit internationalem Flair und häufig mehr als 200.000 begeisterten Besuchern. Neben einem wahrhaft gigantischen Rahmenprogramm sind circa 1.500 Ballonstarts zu bestaunen. Zweimal täglich erfolgen die Massenstarts – wenn es das Wetter zulässt, am frühen Morgen und Abend. Sie sind das Salz in der Suppe der Montgolfiade und ganz besonders spektakulär. Glaube dabei niemandem, dass hier nur ganz »normale« Heißluftballons in die Luft gehen. Der Kreativität ihrer Schöpfer sind keine Grenzen gesetzt. Von der überdimensionalen Lokomotive und der historischen Postkutsche über den Superhelden *Action Man* bis zum Brandenburger Tor oder einem Dinosaurier gibt es fast nichts, was in Warstein nicht zu bewundern ist. Manche Stoffhüllen sind so groß wie ein Mehrfamilienhaus.

Natürlich tragen die »Ballöner« – so nennen sich die Ballonfahrer in ihrer Sprache für Eingeweihte – auch Wettbewerbe aus: vom *Long-Distance-Race* bis zum *Ladies Cup.* Doch das wirklich Faszinierende in Warstein ist die Möglichkeit, selbst mit dabei zu sein, sich in den Himmel des Sauerlands zu erheben. Dies kostet je nach Gefährt zwischen 100 und 200 Euro. Und eins kann man ganz sicher feststellen: Besser kann man sein Geld in ein Freizeitvergnügen gar nicht anlegen!

Ein Besuch des Warsteiner Bilsteintals lohnt sich. Hier findet man eine Tropfsteinhöhle und einen Wildpark – eine einmalige Mischung.

ISBN 978-3-8392-2620-9

ISBN 978-3-8392-2405-2

ISBN 978-3-8392-2611-7

ISBN 978-3-8392-2631-5

ISBN 978-3-8392-2612-4

ISBN 978-3-8392-2629-2

ISBN 978-3-8392-2624-7

ISBN 978-3-8392-2625-4

ISBN 978-3-8392-2635-3

ISBN 978-3-8392-2622-3

ISBN 978-3-8392-2634-6

ISBN 978-3-8392-2545-5

ISBN 978-3-8392-2613-1

ISBN 978-3-8392-2616-2